A CRIANÇA NA JUSTIÇA

Trajectórias e significados do processo judicial
de crianças vítimas de abuso sexual intrafamiliar

CATARINA JOÃO CAPELA RIBEIRO

Docente da Faculdade de Educação e Psicologia da Universidade Católica Portuguesa
e do Instituto de Ciências Biomédicas Abel Salazar da Universidade do Porto.
Psicóloga no Centro de Investigação e Clínica Forense

A CRIANÇA NA JUSTIÇA

Trajectórias e significados do processo judicial
de crianças vítimas de abuso sexual intrafamiliar

A CRIANÇA NA JUSTIÇA
TRAJECTÓRIAS E SIGNIFICADOS DO PROCESSO JUDICIAL
DE CRIANÇAS VÍTIMAS DE ABUSO SEXUAL INTRAFAMILIAR

AUTORA
CATARINA JOÃO CAPELA RIBEIRO

EDITOR
EDIÇÕES ALMEDINA, SA
Av. Fernão Magalhães, n.° 584, 5.° Andar
3000-174 Coimbra
Tel.: 239 851 904
Fax: 239 851 901
www.almedina.net
editora@almedina.net

PRÉ-IMPRESSÃO I IMPRESSÃO I ACABAMENTO
G.C. GRÁFICA DE COIMBRA, LDA.
Palheira – Assafarge
3001-453 Coimbra
producao@graficadecoimbra.pt

Maio, 2009

DEPÓSITO LEGAL
293506/09

Os dados e as opiniões inseridos na presente publicação
são da exclusiva responsabilidade do(s) seu(s) autor(es).

Toda a reprodução desta obra, por fotocópia ou outro qualquer
processo, sem prévia autorização escrita do Editor, é ilícita
e passível de procedimento judicial contra o infractor.

Biblioteca Nacional de Portugal – Catalogação na Publicação

RIBEIRO, Catarina João Capela

A criança na justiça : trajectórias e significados do
processo judicial de crianças vítimas de abuso sexual
intrafamiliar. – (Psicologia)
ISBN 978-972-40-3787-56

CDU 343
      347

Aos meus pais,
ao André e ao Filipe

AGRADECIMENTOS

À Prof. Doutora Celina Manita, pela orientação deste trabalho, pela confiança que depositou neste projecto (e no meu trabalho em geral) e por me ter proporcionado um contexto de trabalho onde o desafio da descoberta, que se vai desenhando entre a prática clínica e a investigação, foi uma constante. Foi, em parte, devido às características deste espaço – o GEAV – que esta investigação ganhou forma. Agradeço profundamente os desafios profissionais que me tem colocado, a amizade, o carinho, a atitude tranquila e madura que caracteriza a nossa relação profissional e pessoal.

À Prof. Doutora Teresa Magalhães, pela constante motivação e confiança, pelo entusiasmo com que encara o meu trabalho, pelas oportunidades que me tem oferecido as quais me têm feito evoluir como profissional e como pessoa. Pela forma protectora e entusiasta como me tem ensinado novos percursos.

Ao Prof. Doutor João Marques-Teixeira, porque lhe devo muito do que aprendi enquanto psicóloga. Essas aprendizagens continuam a fazer--me sentido e foram fundamentais na recolha de dados junto das crianças.

Ao Dr. Rui do Carmo, pelo interesse que demonstrou por este trabalho, desde o seu início, e pelas sugestões e questões que colocou. Também pela preciosa ajuda no enquadramento jurídico e na revisão do texto.

Ao Dr. Diogo Pinto da Costa, à Dra. Maria João Taborda, ao Dr. Carlos Casimiro e ao Dr. Norberto Martins pelas enriquecedoras "conversas entre a Psicologia e o Direito" e pela constante disponibilidade no esclarecimento dos aspectos jurídicos.

À equipa do Serviço de Clínica Forense da Delegação do Norte do INML pelo acolhimento e colaboração prestada.

Às Sras. Inspectoras Ana Medon e Andreia Costa da Polícia Judiciária do Porto, pela facilidade com que estabeleceram uma ponte interdisciplinar.

Às minhas primas "Anas" (Adri, Cris e Ana Jorge) pelos momentos magníficos de boa disposição nas pausas do trabalho.

À Adriana, em especial, pelo encorajamento e presença carinhosa na fase final deste trabalho.

Aos meus irmãos Pedro e Milucha, pelo apoio e pela dedicação ao André nas minhas ausências.

Ao Carlos Peixoto, pela inestimável ajuda na recolha bibliográfica, pela imensa disponibilidade para reflectir sobre este trabalho, pelas questões desafiantes que me colocou, pelo carinho e pela amizade.

À Ana Magalhães, porque continua a estar incondicionalmente presente nos momentos importantes... Pela colaboração no estudo empírico, como juiz independente, pela presença e pela motivação... pela tranquilidade e segurança contagiantes.

À Mariana Sá Carneiro, por todo o apoio, pela imensa disponibilidade e pela amizade genuína.

Aos meus pais, claro, pela dedicação absolutamente incondicional ao André. Este trabalho não teria sido possível sem o seu apoio...

Ao Filipe, pelo apoio incondicional, pelo optimismo com que aceita os condicionalismos do meu trabalho, pela imensa paciência, pela motivação constante... pelos mimos, gargalhadas e cumplicidades.

A todas as meninas e meninos que participaram no estudo por me deixarem escutar as suas histórias.

PREFÁCIO

O fenómeno da violência contra crianças e, em particular, o abuso sexual têm vindo – muito por força de alguns processos judiciais fortemente mediatizados – a alcançar crescente visibilidade, a ser objecto de debate e problematização social, a suscitar generalizada condenação. O aumento do conhecimento sobre as suas dinâmicas e processos, a crescente consciencialização das suas consequências, uma maior atenção aos seus sinais, levam a um aumento do número de denúncias e, por consequência, dos processos judiciais. Desta forma, as crianças tornam-se, cada vez mais, actores no contexto judicial, seja enquanto vítimas, seja enquanto testemunhas, dois papeis que, no caso das crianças envolvidas em situações de abuso sexual, são frequentemente indissociáveis.

Neste contexto, a psicologia forense, área de identificação primária da autora deste livro, vem conquistando um espaço de crescente relevo e de correlativa responsabilidade, ao ser chamada a contribuir para o esclarecimento das dinâmicas psicológicas associadas à violência, à prática do crime, à vitimação, ao auxiliar na tomada de decisão judicial e na definição de projectos de vida para as crianças vítimas, ao avaliar, não só o impacto da vitimação, como o impacto do próprio contacto com o sistema de justiça.

Como se pode constatar no estudo de Catarina Ribeiro, o envolvimento de uma criança num processo judicial não tem de ser necessariamente uma experiência negativa ou traumática (embora o seja muitas vezes), mas é sempre uma experiência exigente para a criança, do ponto de vista emocional e cognitivo e, por isso, exige de todos nós, adultos – dos profissionais da psicologia forense, da medicina, do sistema de justiça, do sistema de protecção e segurança social, em particular –, o desenvolvimento de medidas que minimizem o seu eventual impacto negativo e o risco de vitimação secundária. Este estudo é, simultaneamente, um contributo para a sua prevenção, ao identificar, entre muitas outras coisas, algumas das dinâmicas e processos associados à vitimação secundária de crianças vítimas de abuso sexual intrafamiliar em contacto com o sistema de justiça, ao revelar-nos o olhar e a voz dos seus actores de menor idade, ao apontar-nos soluções.

Desenvolvido no âmbito do Mestrado em Psicologia do Comportamento Desviante – Violência, Crime e Vítimas, da Faculdade de Psicologia e de Ciências da Educação da Universidade do Porto, este estudo realiza uma abordagem inovadora do fenómeno, quer pelo foco escolhido – a percepção da própria criança e não do sistema judicial ou dos actores adultos que com ela se cruzam no contexto judicial – quer pela multiplicidade de dimensões que abarca, quer pela metodologia qualitativa a que recorreu, a melhor para aceder aos processos subjectivos e às dimensões de significado que a autora queria conhecer e compreender.

Não me poderei pronunciar sobre este estudo e sobre este livro de forma neutra. Fui professora, fui supervisora, fui orientadora da tese, fui directora da Dra. Catarina Ribeiro. Trabalhei com ela diariamente durante 8 anos. Tornei-me, acima de tudo, sua amiga, sua colega de trabalho e sua cúmplice no compromisso de fazer mais e melhor na defesa dos interesses da criança. Por isso, quando me convidou para escrever o prefácio do seu livro, pareceu-me que escrever sobre um trabalho que tão bem conhecia, em torno dum fenómeno que há tantos anos investigo e intervenho, feito por uma pessoa que conheço e admiro, seria, além de uma leitura subjectiva, uma tarefa fácil, de alguma forma até natural. Enganei-me redondamente! E tendo dado voltas e mais voltas ao que haveria de escrever sobre o seu estudo, o seu livro, formulado e reformulado os espaços em branco de um texto que, apesar de antecipadamente pequeno, teimava em não surgir, decidi optar por um desafio.

Assim, se fosse possível ler de olhos fechados, sugerir-lhe-ia, agora, leitor, que cerrasse os olhos e começasse a imaginar-se envolvido numa situação assustadora, violenta, abusiva, destruidora, que não compreende nem consegue controlar, à qual simplesmente não consegue pôr fim, da qual, aparentemente, ninguém o consegue resgatar. Que se imaginasse aprisionado num espaço escuro... sozinho, desamparado, assustado. Uma e outra vez. Uma e outra vez. Uma e outra vez. Nesse espaço de medo e solidão não habitam fantasmas, aterrorizam-no pessoas – os seus familiares.

Como não poderia continuar a ler de olhos fechados e eu desejo que acabe de ler rapidamente este prefácio e se concentre no que importa – o belíssimo livro escrito por Catarina Ribeiro –, proponho-lhe, então, um outro desafio: de olhos bem abertos, imagine-se a entrar numa sala estranha, que não conhece, num espaço do qual só sabe que se chama tribunal e que tem "uns senhores que se chamam juízes que vão decidir tudo sobre a sua vida". Entre numa sala despida e veja, vestidos de preto, o juiz ou um colectivo de juízes, procuradores, advogados e, à sua volta ou atrás de si, uma audiência concentrada em si.

Sente-se e comece a responder a perguntas sobre a sua vida, sobre o que de pior alguma vez lhe fizeram na vida, sobre o seu corpo, a sua sexualidade, a sua dor, as suas emoções, os seus medos, pormenores atrás de pormenores, o seu corpo, a sua intimidade, a sua dor e o seu medo... o que lhe fizeram, onde lhe tocaram, como lhe tocaram, quantas vezes lhe tocaram, o que lhe sussurraram ao ouvido enquanto o magoavam, se doeu, como doeu, se não doeu, porque não doeu, o seu corpo, a sua intimidade, o seu medo, a sua dor... se gritou, se não gritou, porque não gritou, quem o ouviu, quem o calou, se contou, se não contou, porque se calou... Sinta o tamanho desse silêncio, a vergonha, o sofrimento, a dor... (e o medo, quem entende este medo?). Suponha que tem 16, ou 14, ou 9, ou 7, ou 5 anos, que os relatos que tem de fazer se reportam a uma situação de abuso ou violação praticada pelo seu pai, a sua mãe, o seu avô, o seu irmão, a..., o...

Imagine agora que essas perguntas eram feitas numa língua estrangeira que não domina e que quem o escuta parece não entender também a língua que fala. Que antes de chegar ao tribunal, outros pareceram não escutar ou não entender o que dizia. E o que calava. Que antes de chegar ali, o levaram à polícia, ao ministério público, a um hospital, ao instituto nacional de medicina legal, a psicólogos, a psiquiatras, a assistentes sociais. Sem lhe explicar porquê, retiraram-no de sua casa e colocaram-no num colégio, sozinho, perdido, com medo, com vergonha, com um enorme sentimento de culpa, cada vez mais culpa. Será que eu merecia? Foi culpa minha? Deveria ter ficado calado? Porque não fui capaz de evitar tudo aquilo? Porque me está a acontecer tudo isto?

Na polícia, fizeram-lhe perguntas, nos gabinetes, os adultos desconhecidos fizeram-lhe perguntas, no hospital fizeram-lhe perguntas, no colégio fizeram-lhe perguntas. Uma série de adultos desconhecidos sempre a fazer perguntas, sempre as mesmas perguntas, sempre a mesma vergo-

nha, a mesma dor... (eu agora não quero falar mais nisto)... vezes sem conta, muitas vezes, 6, 7, 8 vezes. Sempre as mesmas perguntas.

Levaram-no a um "hospital diferente" onde um adulto lhe tocou no corpo – outra vez o meu corpo, a minha intimidade, a minha vergonha – para lhe fazer um exame de sexologia forense, daí para um gabinete onde assistentes sociais ou psicólogos lhe colocaram perguntas por entre desenhos e plasticinas – mais perguntas, outra vez as mesmas perguntas, a minha vergonha, o meu medo, a minha dor. Sentira vontade de chorar, vontade de falar, vontade de calar, falara, calara, falara, falara... e afinal ninguém o ouvira... De outra forma, porque é que é que toda esta gente estaria sempre a perguntar a mesma coisa? E agora, sentado no tribunal, frente ao juiz, tem afinal de voltar a contar tudo outra vez...

Se conseguiu imaginar uma parte deste percurso, desse silêncio, dessa dor, então, leitor, penso que estará pronto para passar ao estudo da Dra. Catarina Ribeiro e ouvir e reflectir sobre o discurso, as expectativas, as significações e as representações das crianças a quem a autora deu voz para contarem, não só o que lhes aconteceu (desta vez, evitando que fosse só "mais uma vez"), mas também o que pensaram, o que sentiram, que significados atribuíram a tudo o que lhes aconteceu depois de revelarem o que aconteceu.

Da Dra. Catarina Ribeiro sabia eu já que era uma excelente psicóloga e uma excelente perita de avaliação psicológica forense, a isso importa acrescentar agora que é também uma excelente investigadora. Todas essas características convergiram para a elaboração deste estudo e do livro que dele resulta. Um livro que, creio, irá contribuir para que magistrados, juízes, psicólogos e outros profissionais que trabalham com crianças envolvidas no sistema judicial, reflictam sobre as suas práticas e sobre a própria organização do sistema e melhorem o acompanhamento que é feito a estas crianças, tão frequentemente revitimizadas.

Apontando lacunas, mas também soluções, e apelando a transformações urgentes, tanto mais que algumas delas, como se lê no estudo aqui apresentado, são simples, não implicam reformulações estruturais do sistema nem se revelam onerosas – por exemplo, a adequação dos espaços pelos quais a criança passa e a inserção, neles, de elementos simbólicos que remetam para a infância, para a presença de outras crianças; a contextualização da participação da criança no processo judicial; a valori-

zação do seu papel e "estatuto"; o investimento na dimensão relacional; o esclarecimento à criança, em termos adequados ao seu nível de desenvolvimento, das etapas e das diligências processuais e seus objectivos.

Urgente também, como destaca a autora, uma maior concertação entre Justiça Criminal e Justiça Protectiva, "uma maior articulação entre o sistema penal e o sistema de protecção e, provavelmente, uma revisão das medidas de afastamento do agressor, no sentido de uma maior eficácia destas", o que diminuiria, provavelmente, o recurso às medidas de "afastamento da criança" ou de institucionalização. Uma das medidas mais traumáticas para as crianças vítimas.

Que muitos e novos sejam os sentidos e as trajectórias a imprimir pela Dra. Catarina Ribeiro à sua prática futura, na intervenção e na investigação. E que muitos sejam os profissionais que lhe sigam os passos...

Julho de 2008

CELINA MANITA

Gabinete de Estudos e Atendimento a Vítimas
Universidade do Porto

ÍNDICE

PREFÁCIO 9

INTRODUÇÃO 19

PARTE I
Enquadramento Teórico

CAPÍTULO 1
Vitimologia e Psicologia Forense: elos de comunicação com a Justiça a propósito do mau-trato infantil

1.1. Vitimologia 28
    1.1.1. Níveis de Vitimação 31
    1.1.2. A Vitimologia no estudo do mau-trato infantil 35
1.2. Psicologia Forense 42

CAPÍTULO 2
Dinâmicas do Abuso Sexual de Crianças no contexto familiar

2.1. Evolução psicossocial do conceito de Abuso Sexual de Crianças 47
2.2. O desafio de definir o Abuso Sexual de Crianças 52
2.3. As especificidades do abuso sexual no contexto familiar 53
    2.3.1. Factores de risco ao nível da estrutura e funcionamento familiares 55
    2.3.2. O secretismo do abuso sexual intrafamiliar 56
    2.3.3. O suporte familiar 58
2.4. Impacto do Abuso Sexual 60
    2.4.1. Lesões físicas 60
    2.4.2. Impacto Psicológico 61
    2.4.3. Factores de intensificação traumática 63

CAPÍTULO 3

Enquadramento legal do Abuso Sexual de Crianças em Portugal – o lugar da criança vítima

3.1. Evolução Jurídica do conceito de Criança Vítima 65
3.2. Justiça Protectiva 67
   3.2.1. Evolução da Justiça de Menores em Portugal 70
   3.2.2. Pressupostos da Lei de Protecção de Crianças e Jovens em Perigo 73
3.3. Justiça Penal – Evolução da abordagem Jurídico-Penal do Abuso Sexual de Crianças 76

CAPÍTULO 4

Perspectivas da criança sobre a Justiça e o Sistema Judicial

4.1. Contributos das abordagens do Desenvolvimento Moral 85
4.2. Contributos dos estudos sobre representações e conhecimentos das crianças acerca do Sistema Judicial 87

CAPÍTULO 5

Participação da criança vítima de abuso sexual no processo judicial

5.1. A Criança na Justiça: especificidades das diligências processuais e das dinâmicas psicológicas dos casos de abuso intrafamiliar 101
5.2. As dificuldades da revelação e da denúncia 106
5.3. Intervenção Legal junto de crianças vítimas: entre a Justiça Penal e o Sistema de Protecção 108
   5.3.1. A perícia médico-legal 110
   5.3.2. A prova testemunhal: importância, controvérsias e potencialidades da "voz" da criança 113
5.4. Na tentativa de proteger a criança 121

SÍNTESE INTEGRATIVA 125

PARTE II

Estudo Empírico

CAPÍTULO 6

Metodologia

6.1. Objectivos do estudo 131
6.2. Abordagem Fenomenológica 133

6.3. Grounded Theory	135
6.4. Processo de amostragem teórica	137
6.5. Recolha de dados: A Entrevista Qualitativa	142
6.6. Procedimentos de análise e tratamento de dados	143

CAPÍTULO 7

Apresentação e interpretação dos dados

7.1. Histórias de Vitimação	149
7.2. Etapas da Trajectória Processual	152
7.3. Integração Vivencial da Trajectória Processual	177
7.4. Percepções e Significados das Mudanças da Estrutura Sócio-Familiar	185

DISCUSSÃO E CONCLUSÕES ... 193

CONSIDERAÇÕES FINAIS ... 201

REFERÊNCIAS BIBLIOGRÁFICAS ... 205

INTRODUÇÃO

É relativamente recente, no contexto nacional, o aparecimento do abuso sexual de crianças enquanto facto criminal conhecido do domínio público. O reconhecimento do mau-trato infantil enquanto "problema" foi um processo difícil e lento em vários quadrantes: para o sistema de saúde, para o sistema de educação, para o sistema de Justiça, para o sistema político e governativo e também na sociedade em geral. Esta "resistência" em equacionar e aceitar o mau-trato como um problema pessoal e social grave tem contribuído para a perpetuação de múltiplas formas de violência (não só contra as crianças) e para o tardio aparecimento de uma cultura de intolerância perante o mau-trato, na qual a sinalização e a intervenção sejam consideradas uma prioridade, e as diversas estruturas de intervenção social estejam preparadas para proteger a vítima e intervir junto do agressor.

A elevada incidência de violência no seio familiar, esfera privada por excelência, adiciona a este cenário uma acrescida complexidade. Revelar um acontecimento que se desenrola no reduto familiar, sinalizá-lo e nele intervir afigura-se uma tarefa extremamente difícil, uma vez que a vitimação que ocorre no contexto familiar é tendencialmente mais ocultada. Se isto é verdade para qualquer forma de mau-trato, no caso do abuso sexual de crianças torna-se ainda mais evidente. As dinâmicas da situação abusiva, o contexto de secretismo que envolve e as consequências psicológicas associadas, tornam esta forma de mau-trato uma situação particularmente delicada ao nível da sinalização e da intervenção.

No caso do abuso sexual de crianças, apesar de haver ainda um longo trajecto a percorrer, quer ao nível da investigação, quer ao nível das práticas, temos vindo a assistir ao desenvolvimento de uma consciência social que parece mais atenta a estas questões e, particularmente, mais proactiva na sua identificação. Efectivamente, verificou-se um aumento das denúncias de um fenómeno desde há muito presente na nossa, como em outras sociedades. Contudo, o aumento de denúncias às autoridades, embora se constitua como um facto positivo (significa uma menor tolerância relativamente a esta forma de vitimação), encerra também um conjunto de dificuldades.

Na realidade, quando a situação abusiva é desocultada e a criança é chamada ao contexto judicial, são-lhe colocadas novas, e por vezes muito difíceis exigências, confrontando-a com um sistema jurídico que carece de maior preparação para as especificidades de um tipo de crime tão multifacetado.

Em primeiro lugar, consideremos as especificidades que este tipo de crime encerra ao nível processual: nele estão presentes elementos como o exame médico-legal para a recolha dos vestígios, um determinado tipo de perícia (sexologia forense), questões ao nível da credibilidade do testemunho, perícia de personalidade, etc., dimensões que, partindo da nossa experiência clínica, e assumindo esta nossa constatação como uma hipótese de partida, encerram dinâmicas potencialmente mais lesivas do que as que se verificam noutro tipo de vitimação sobre crianças.

Em segundo lugar, nos casos em que o abuso ocorre no contexto familiar, outras dificuldades se juntam às anteriores pois, nestes casos, é imperativo proteger a criança da sua própria família. Assim, colocam-se outros desafios à criança vítima: ser retirada da família, "colocada" num contexto alternativo (institucional ou familiar), lidar com separações, rupturas e adaptações a novos espaços afectivos, escolares e físicos; ter de mobilizar recursos para gerir eventuais situações em que se põe em dúvida a sua história; lidar com a falta de apoio familiar; participar num processo judicial que poderá conduzir à condenação de um familiar (relativamente ao qual poderão coexistir sentimentos positivos e negativos), entre muitos outros. O conjunto de problemáticas que esta forma de vitimação encerra, quer do ponto de vista das dinâmicas que a caracterizam, quer do ponto de vista da abordagem judicial, parece validar a pertinência de uma reflexão científica mais profunda.

O crescente envolvimento da criança no mundo judicial e a complexidade que este contacto implica levou a que, do ponto de vista da investigação científica, se tenham desenvolvido linhas de pesquisa especificamente direccionadas para este objecto. Especialmente nas últimas duas décadas, elaboraram-se diversos trabalhos de pesquisa sobre as características do testemunho de crianças, as suas competências, as variáveis psicológicas e contextuais que poderão condicionar a participação da criança no processo judicial. Curiosamente, a experiência da criança, a sua perspectiva sobre este envolvimento é uma dimensão lacunar nestes estudos.

Do ponto de vista da nossa experiência pessoal, enquanto peritos no âmbito da avaliação psicológica forense de crianças vítimas deste crime, temos vindo a recolher impressões sobre outras fontes de inquietação que caracterizam a relação da criança com a Justiça, a dois grandes níveis. Em primeiro lugar, e agora a partir já do interior do próprio sistema, as dificuldades manifestadas por magistrados, polícias, peritos, e as dúvidas que se instalam quando é chegado o momento de interagir com a criança nas diversas etapas do processo. Em segundo lugar, a nossa constatação de que esse contacto não é inócuo para a criança, isto é, gera expectativas e desejos, surte impacto(s), é objecto de significações e adquire um sentido muito próprio para a criança.

Uma das principais instâncias a reflectir a necessidade de adaptar tal aparelho a um actor tão específico foi a própria ONU quando, na Convenção sobre os Direitos da Criança, incluiu uma cláusula sobre a necessidade de considerar, no âmbito da relação com a Justiça, as "necessidades específicas da criança", sem prejuízo da sua consideração enquanto sujeito de direitos.

É a compreensão dos significados, da experiência da criança na sua relação com a Justiça – quer no que diz respeito ao contacto directo com os actores e contextos, quer relativamente às decisões e medidas daí resultantes – que nos importa aprofundar ao longo deste trabalho. A enorme escassez de estudos nesta área constituiu para nós uma motivação e, simultaneamente, um desafio, pois pensamos poder contribuir, ainda que de forma limitada, para a produção de conhecimento e para o levantamento de algumas pistas de reflexão.

Para realizar o exercício que nos propomos, isto é, para aceder aos significados e sentidos da experiência da criança-vítima no contacto com o mundo da Justiça, entendemos recorrer a um conjunto de contributos teóricos que nos permitisse introduzir algumas linhas de compreensibilidade em relação ao objecto – estes serão abordados no enquadramento teórico, na primeira parte da obra.

Recorremos às contribuições da Psicologia Forense e da Vitimologia para o estudo do mau-trato infantil por serem abordagens relativamente às quais confluem questões ligadas à vitimação e questões relacionadas com as abordagens jurídicas destes fenómenos. Metaforicamente, poderão ser considerados territórios de confluência, uma vez que congregam e articulam, como objectos de estudo, a vitimação, a violência e a relação entre a pessoa vítima e a lei. A evolução do conceito de criança, abordada no mesmo capítulo, pareceu-nos pertinente para explicitar a forma como o mau-trato infantil adquiriu o estatuto de "problema", como passou a ser alvo de reflexão e intervenção.

No segundo capítulo procuramos caracterizar as dinâmicas do abuso sexual intrafamiliar, partindo, numa primeira fase, da referência à evolução psicossocial do conceito para tornar mais explícita a ideia de que se trata de uma forma de mau-trato cujos contornos são, do ponto de vista macro-estrutural, muito complexos. Ainda neste capítulo referimo-nos às definições operacionais actualmente aceites, aos factores de risco e caracterizamos as dinâmicas presentes no abuso sexual intrafamiliar. A alusão ao impacto que esta forma de vitimação pode ter na criança, bem como aos factores que intensificam esse impacto, pareceu-nos também fundamental para a compreensão das características da população alvo.

Entendemos ser igualmente importante caracterizar o enquadramento legal do abuso sexual, fazendo uma breve referência, por um lado, à evolução do estatuto jurídico da criança enquanto vítima, acompanhando a evolução da legislação relativa aos menores e, por outro, ao tratamento jurídico do abuso sexual de crianças. Neste capítulo tecemos ainda algumas considerações sobre a forma como o sistema penal e o sistema de protecção, embora intervindo em simultâneo, nem sempre se articulam de forma eficaz do ponto de vista da vítima envolvida.

Após a caracterização da abordagem legal, efectuamos uma revisão de estudos acerca das perspectivas que as crianças têm do sistema jurídico, o grau de conhecimentos que manifestam, as representações e percepções que têm do mesmo. Uma vez que o objectivo do nosso estudo se prende com esta temática, procuramos fazer uma pesquisa exaustiva de estudos que remetessem para este domínio e que nos permitissem, de alguma forma, encontrar pontos de encontro e de diferença relativamente à nossa metodologia e aos nossos resultados.

O último capítulo do enquadramento teórico reparte-se por diferentes pontos nos quais se reflecte sobre a problemática da participação da criança no processo judicial, tendo em conta as características deste contexto e dos actores que nos importa conhecer – as crianças vítimas de abuso sexual intrafamiliar. Nesse capítulo tecem-se considerações sobre os efeitos do envolvimento das crianças nas etapas processuais consideradas na literatura como mais "problemáticas" e reflecte-se sobre os aspectos considerados mais susceptíveis de causar danos secundários. Abordam-se algumas sugestões consideradas na literatura como facilitadoras da participação e procede-se a uma síntese integrativa do enquadramento teórico.

A segunda parte desta obra contempla o estudo empírico.

Apresentamos as opções metodológicas, a abordagem fenomenológica e os objectivos do estudo, os processos de selecção intencional da amostra, a entrevista qualitativa como forma de aceder à experiência subjectiva e os procedimentos de análise, enquadrados na *Grounded Theory*.

No último capítulo da segunda parte, dedicado ao estudo empírico, apresentam-se, interpretam-se e integram-se teoricamente os resultados a partir da descrição do sistema de categorias e da análise inferencial dos dados.

A obra termina com reflexões e considerações sobre algumas questões que poderão ser úteis para a prática e com referências a aspectos relevantes para futuras investigações.

PARTE I
ENQUADRAMENTO TEÓRICO

*"O devir da Justiça, na direcção da Psicologia,
será sábio na condição de a Psicologia assumir
um devir epistémico na direcção da Justiça"*

(Agra, 1986)

CAPÍTULO 1

Vitimologia e Psicologia Forense: elos de comunicação com a Justiça a propósito do mau-trato infantil

O envolvimento da Psicologia na área da Justiça tem vindo a ser progressivamente mais expressivo e, nas últimas décadas, assistiu-se ao desenvolvimento de um conjunto de trabalhos e publicações que aprofundam temáticas comuns às duas áreas do saber. A própria natureza dos fenómenos em estudo em cada um dos domínios (comportamento humano, relações interpessoais, criminalidade e vitimação, entre muitos outros) parece contribuir de forma quase espontânea para a emergência de um "território de confluência" onde se partilham objectos, interesses e conhecimentos.

A respeito das relações entre a Psicologia e o Direito, Blackburn (2005) defende que o direito "é um sistema de regras que procura regular as acções dos indivíduos com base nas concepções duradouras sobre as causas do comportamento. A Psicologia também se debruça sobre as causas do comportamento, remontando o interesse dos psicólogos pelo sistema legal ao início do desenvolvimento da Psicologia como disciplina empírica" (Blackburn, 2005). Também a respeito desta temática, Agra (1986) refere que a emergência da Psicologia como disciplina científica está profundamente ligada às questões da antissocialidade e do seu controlo: "a Psicologia torna-se disciplina científica em razão de uma sociedade disciplinar" (Agra, 1986, p. 311). O estudo da transgressão e a necessidade de conhecer o actor anti-social que transgride (e não somente o seu acto), quanto às suas características pessoais, para o poder controlar e disciplinar constitui, então, um dos objectos da Psicologia. Assim, "A actual vontade de encontro entre a Psicologia e a Justiça é uma questão de Justiça: a Psicologia tinha contraído uma pesada dívida à Justiça (dívida da sua existência). Chegou o momento da retribuição: o actual modo de existência da Justiça exige o alimento da Psicologia. Uma nova sabedoria da Justiça tinha produzido o saber psicológico; que o novo saber psicológico torne agora sábia a Justiça." (idem, p. 312).

Uma outra razão que tem sido apontada para justificar uma crescente convergência de interesses entre a Justiça e a Psicologia é o aumento de conhecimentos disponíveis em cada uma das áreas e, consequentemente, a necessidade de aprofundar determinados domínios específicos (como, por exemplo, o comportamento desviante, os fenómenos de vitimação, entre outros). Simultaneamente, a maior complexidade e diversidade dos processos judiciais apela a uma utilização mais refinada dos conhecimentos científicos de diferentes áreas do conhecimento, o que leva a que a administração da Justiça tenha forçosamente que passar cada vez mais por um olhar multidisciplinar (Carmo, 2005).

A evolução das relações entre a Justiça (materializada na figura dos diversos dispositivos judiciais) e a Psicologia – substancialmente impulsionada pela emergência de novos e complexos fenómenos sociais e pelas próprias metamorfoses da ciência – levou a que cada um dos campos organizasse, ao longo da sua própria história individual, ramos de pesquisa mais especializados no sentido de explicar e intervir em determinados fenómenos cujos contornos exigem uma articulação de conhecimentos de diferentes domínios científicos. Como exemplos destes objectos poderemos enunciar o comportamento violento, o comportamento desviante, a delinquência juvenil e as várias formas de vitimação: o abuso sexual, os maus-tratos, a violência conjugal, entre muitos outros. "Há um pedido social de compreensão, explicação e intervenção sobre estes fenómenos a que a Psicologia não pode deixar de responder" (Agra, 1986, p. 313).

É sobre duas áreas do saber que apresentam estreitas conexões entre si, e também com a Justiça, a propósito de um "território"de confluência – o abuso sexual de crianças – que nos debruçaremos nos pontos seguintes: a Vitimologia e a Psicologia Forense.

1.1. **Vitimologia**

A Psicologia e a Justiça têm criado laços a propósito de vários territórios comuns (o abuso sexual, como veremos mais adiante, é apenas um deles), socorrendo-se dos conhecimentos disponíveis em áreas que possam contribuir para melhor esclarecer os fenómenos de que se ocupam. Não obstante a vitimação ser um fenómeno tão antigo como a própria humanidade, só após a Segunda Guerra Mundial o estudo científico das vítimas de crime surgiu como um complemento fundamental das investigações acerca dos autores dos delitos no âmbito da Criminologia (Fattah, 2000).

Numa conjuntura psicossocial particular, a partir da segunda metade do século XX (data que coincide com a publicação da obra de Hans Von Hentig), começa a evidenciar-se maior interesse em estudar especificamente a figura da vítima, a relação entre a vítima e o ofensor, o papel da vítima em determinados tipos de crime, como a violação, o homicídio, a fraude, entre outros (Fattah, 2000). Na sua obra *"The criminal and his victim"*, Hans Von Hentig (1948) considera um elemento chave para compreender o fenómeno criminal estudar a díade agressor-vítima, fazendo também referência à responsabilidade que a vítima desempenha na vitimação. Esta foi, aliás, a temática dominante durante os primeiros passos da Vitimologia enquanto ciência, de tal forma que alguns autores (Mendelsohn foi um dos principais) chegaram a classificar as vítimas em categorias, segundo o seu "grau de culpa" na precipitação do acto de vitimação criminal (Doerner & Lab, 1998). A responsabilidade da vítima no acto criminal constituiu, de facto, um dos grandes focos de interesse dos primeiros trabalhos da Vitimologia. No entanto, progressivamente este assunto vai dando lugar a novas reflexões em torno do conceito de vítima e de vitimação, direccionando a investigação para um campo de estudo mais vasto a que se chamou "Vitimologia Geral".

O aparecimento do termo Vitimologia deu-se, segundo Fattah, em 1949 numa obra do psiquiatra americano Frederick Wertham intitulada *The show of violence,* na qual o autor expressa a necessidade de criar uma "ciência de Vitimologia" (Fattah, 2000, p. 23). No entanto, há autores que atribuem o aparecimento do termo a Benjamin Mendelsohn (Doerner & Lab, 1998).

Não obstante a Criminologia e o estudo do desvio, na perspectiva do criminoso, ter ocupado um lugar de destaque nas ciências sociais, a investigação da violência e do crime, na perspectiva da vítima, assume progressivamente um lugar de maior relevo, especialmente nas últimas duas décadas (Fattah, 2000; Peters, 2000), período em que este domínio do conhecimento se consolidou, reunindo dados e produzindo teorias cujas repercussões já se fazem sentir na administração da Justiça, nomeadamente ao nível da legislação e do apoio às vítimas (Fattah, 2000). Segundo

Peters (2000), desde 1980, a Vitimologia tem influenciado o curso da própria Criminologia, bem como a condução das práticas judiciais.

A Vitimologia é, contudo, uma ciência recente, sendo dentro do panorama das ciências criminais a menos conhecida (Cario, 2000) o que, segundo Fattah (2000) se deve, em parte, à centralidade que desde sempre foi concedida, por parte das ciências sociais, ao infractor, ao autor do delito, ao criminoso e à falta de reconhecimento do papel da vítima.

A definição de Vitimologia não é consensual na literatura da especialidade e depende muito de se partir de uma concepção de vítima restrita ou mais alargada (Cario, 2000). De resto, gerou-se um profundo debate, que ainda continua em aberto, em torno do estatuto da Vitimologia enquanto ciência autónoma, ou apenas como um ramo da Criminologia. Por exemplo, em 1976 Mendelsohn (cit. Doerner & Lab, 1998) propõe a existência de cinco categorias de vítimas, seguindo uma definição de "Vitimologia Geral": a vítima de crime, a vítima de si própria, a vítima da sociedade, a vítima da tecnologia, a vítima do meio ambiente. Fattah (2000), numa definição mais circunscrita, defende que a Vitimologia é um ramo relativamente recente da Criminologia que estuda as vítimas de infracções, as suas características, o seu comportamento e as interacções com os autores das infracções. À Vitimologia interessam, por isso, todos os factores associados à vítima: a sua personalidade, as suas características biológicas, psicológicas, morais, sócio-culturais, as suas relações com o ofensor e o seu papel na génese do crime (idem).

Simultaneamente, a tentativa de definir "vítima" não se afigura também um processo linear. Segundo Audet e Katz (2006), vítima é toda a pessoa que sofre um dano cuja existência é reconhecida por todos e do qual ela nem sempre está consciente. Já na definição de Mendelsohn (cit. Cario, 2000, p. 29), conceptualiza-se a vítima como uma pessoa que se situa individualmente ou que faz parte de um colectivo que sofreu consequências dolorosas provocadas por factores de origens diversas: físicas, psicológicas, económicas, políticas, sociais ou naturais (catástrofes). Numa definição mais próxima da perspectiva jurídica, vítima é toda a pessoa ou grupo de pessoas que foram alvo, directa ou indirectamente, de um acto proibido pela lei penal (idem).

As definições têm sempre um carácter redutor. No entanto, o que importa aqui realçar é a emergência de uma grelha específica de compreensão das dinâmicas do crime na perspectiva da vítima, as estreitas ligações que esta área do conhecimento apresenta com a Psicologia, com a Justiça, e com o Direito Penal em particular, e o contributo deste conjunto de leituras teóricas para uma maior visibilidade e melhor abordagem do fenómeno da vitimação. Salienta-se, a este propósito, o lugar que a dimensão subjectiva e relacional da experiência de vitimação passa a ocupar no âmbito da investigação científica.

1.1.1. *Níveis de Vitimação*

A multiplicidade de experiências que podem entrar na categoria "vitimação" e as significações que o indivíduo envolvido lhes atribui são extremamente abrangentes, bem como as grelhas teóricas de leitura dos fenómenos e, por isso, a tarefa de encontrar uma definição operacional e consensual para o conceito de vítima afigura-se extraordinariamente complexa. Numa tentativa de dar resposta à pergunta: "Quem deve ser considerada vítima?", Viano (2000) propõe a análise do processo de vitimação segundo quatro níveis:

1.° Nível: diz respeito ao indivíduo que experimenta um dano e sofrimento causados por outra pessoa ou instituição, sem o entender como uma forma de vitimação. Alguns autores defendem que a Vitimologia não deveria ter em conta este nível, devendo considerar apenas o momento em que a pessoa se sente vitimizada, ou a partir do momento em que revela os factos e o seu estatuto de vítima é publicamente conhecido. Ora, como vimos, a "eliminação" deste nível excluiria do campo da Vitimologia todas as pessoas que não entendem (pelo menos numa primeira fase) o acto violento/abusivo como uma forma de vitimação, muito embora tenham consciência do sofrimento que esse acto origina. A noção de que se pode ser vítima sem que se tenha plena consciência dessa condição é fundamental para reconhecer como vítimas as pessoas que se encontram, por exemplo, em situações de violência conjugal, familiar e as crianças (especialmente nos casos de abuso sexual). Daí, em nosso entender, a importância de se considerar este nível de vitimação.

2.° Nível: situam-se neste nível os indivíduos que entendem o dano como imerecido e injusto e sentem-se vítimas. A significação subjectiva da experiência é o elemento distintivo relativamente ao nível anterior. Este é o nível em que os processos psicológicos se centram numa progressiva integração existencial do estatuto de vítima, para o qual contribuem a consciencialização de que a violência sofrida não constitui uma experiência "normativa", voluntária, e de que existe um sofrimento elevado associado a essa mesma experiência.

Para que uma pessoa "se sinta vítima" é igualmente importante que os discursos sociais dominantes favoreçam esta tomada de perspectiva. Assim, é importante que esta condição seja validada e valorizada pelos outros para que seja aceite individualmente. A este propósito realça-se a importância de uma educação para a cidadania que condene a violência e que permita às vítimas quebrar algumas crenças disfuncionais que justificam e perpetuam situações de vitimação. "Sentir-se vítima" e reflectir sobre esta condição pode constituir um momento de viragem na trajectória da pessoa, uma vez que pode ser o primeiro passo para interromper o ciclo de vitimação, desocultar os factos e procurar ajuda.

3.° Nível: Refere-se aos indivíduos que se sentem lesados ou vitimizados (2.° nível) e tentam encontrar nos outros (um familiar, um amigo, uma autoridade, um profissional) o reconhecimento dessa vitimação. Neste nível situam-se as pessoas que, assumindo-se como vítimas, adoptam iniciativas de acordo com esta condição, isto é, procuram suporte nos outros, o que desde logo significa uma evolução relativamente ao nível anterior, uma vez que é neste 3.° nível que a vítima participa efectivamente a sua experiência e a torna pública. Esta revelação pode acontecer em variadíssimos contextos: num registo informal e/ou no contexto de uma relação de proximidade afectiva, onde a vítima pode expor a situação e obter, ou não, apoio e reconhecimento relativamente à mesma. Este momento de "teste" é fundamental para a tomada de resoluções futuras, nomeadamente para decidir se quer ou não avançar com um processo judicial. A importância deste momento de primeira desocultação é particularmente visível no caso das crianças abusadas sexualmente, cujo impacto psicológico da vitimação, da revelação e a manutenção do relato (apesar das eventuais ameaças do abusador) estão intimamente associados ao apoio que a criança sente por parte do(s) adulto(s) a quem faz a revelação e à natureza da reacção deste adulto (Furniss, 1992). Neste patamar experiencial, as dúvidas sobre as consequências futuras de uma queixa, as dúvidas acerca dos benefícios de tornar pública uma situação "privada", o receio de não ser acreditado, o medo de ser ridicularizado, o medo de ser retaliado, o estigma social associado à participação da situação, são factores que condicionam as escolhas e as possibilidades de mudança.

4.º Nível: Refere-se ao grupo de indivíduos do nível anterior que conseguiu o reconhecimento para o seu estatuto de vítima, podendo, a partir daí, beneficiar de um conjunto de serviços direccionados especificamente para pessoas que usufruam deste estatuto. É o nível do reconhecimento público solicitado no estádio anterior. O grau de reconhecimento e de apoio que a rede social confere ao indivíduo pode dotá-lo de um grande potencial de recuperação, daí a importância que toda a sociedade (as instituições governativas, assistenciais, os profissionais de ajuda, os profissionais envolvidos nos processos judiciais e a sociedade em geral) assume na reabilitação da vítima e também na prevenção da revitimização.

Neste nível, os pontos de discussão direccionam-se para uma perspectiva mais recente da Vitimologia enquanto ciência: a reparação da vítima e a preocupação com os danos decorrentes do seu envolvimento com as instituições e também com as entidades judiciais que, supostamente, lhe dão apoio.

Uma das grandes vantagens desta formulação de Viano é introduzir um grau de compreensibilidade abrangente, não só do estatuto de vítima, ajudando a clarificá-lo sem o simplificar, mas também dos principais processos psicológicos que caracterizam a problemática da vitimação.

Como acabámos de constatar, a fenomenologia da vitimação não é passível de uma leitura linear e unidireccional, já que as dinâmicas envolvidas apresentam uma elevada conjugação de factores de naturezas diversas, sugerindo que uma compreensão abrangente das situações de vitimação terá de passar pela confluência e articulação de saberes de vários domínios e por uma atitude investigativa de elevada flexibilidade e abertura.

A construção científica do conceito de "vítima" conduziu a várias reflexões teóricas e à constatação de que a condição de vítima pode ser originada por uma multiplicidade de factores. Assim, começa a surgir o interesse, e também a necessidade, de estudar a figura da vítima relativamente ao impacto psicológico e aos danos decorrentes do envolvimento no próprio sistema judicial e esta tem sido, aliás, nos últimos anos, uma das principais "batalhas da Vitimologia" (Doerner & Lab, 1998). De facto, a ideia de que o envolvimento da vítima no processo judicial pode fazê-la reviver todo o sofrimento causado pela vitimação (primária), ou mesmo agudizar este sofrimento, começa a despoletar interesse e preocupação por parte dos investigadores.

A importância desta problemática e a constatação de que frequentemente as vítimas sofrem danos secundários significativos que, segundo Doerner & Lab (1998), configuram uma outra forma de vitimação – a "Vitimação Secundária" – leva também a que alguns governos se organizem legislativamente, no sentido de promover e encorajar a implementação de estratégias que visam melhorar a abordagem e o tratamento dado às vítimas pelo sistema judicial (Peters, 2000). Algumas destas medidas seguem, aliás, as directrizes da Organização das Nações Unidas que, em 1985, propôs a "Declaração de Princípios Básicos de Justiça para Vítimas de Crime". Algumas das propostas deste documento incluem indicações sobre protecção da vítima no tribunal, compensação da vítima e reparação do dano, bem como a promoção da reintegração do agressor e o aparecimento de programas de mediação para vítimas e agressores. Reflexo destas transformações é também o desenvolvimento de programas e serviços de apoio a vítimas de crime (apreciaremos mais pormenorizadamente alguns dos conteúdos deste documento numa outra secção deste trabalho, onde também se discutirão os obstáculos e limitações que, mais de 20 anos depois, ainda persistem, dificultando a implementação e difusão destas sugestões).

Importa ainda referir que a evolução da Vitimologia enquanto discurso teórico e enquanto "ferramenta" interventiva e a ramificação de objectos de estudo específicos, nomeadamente a vitimação na infância, se deve a uma conjuntura socio-política e científica composta por variadíssimos factores, de entre os quais destacamos: o Movimento Feminista, o Movimento pela Defesa dos Direitos da Criança, a constatação do aumento da criminalidade, o advento das políticas de compensação da vítima e o início de algumas alterações no ordenamento jurídico (Doerner & Lab, 1998).

Aprofundaremos, nos pontos seguintes o impulso de alguns destes factores (especialmente o Movimento Feminista e o Movimento pela Defesa dos Direitos da Criança) para o desenvolvimento da Vitimologia centrada na infância.

1.1.2. *A Vitimologia no estudo do mau-trato infantil*

O fenómeno da violência contra as mulheres e contra as crianças constituiu um dos catalisadores para a emergência da "Vitimologia Humanitária", sendo esta uma das áreas a que a Vitimologia tem dedicado uma atenção redobrada nas últimas duas décadas (Peters, 2000). A reforçar esta realidade surge o facto do estudo dos objectos referidos (a violência contra as mulheres e a violência contra as crianças) apresentar um desenvolvimento superior comparativamente ao que se verifica noutras áreas da Vitimologia como, por exemplo, a violência familiar e conjugal contra os homens, contra o idoso, contra outros grupos específicos (ex: entre casais homossexuais) ou os fenómenos de "troca"/"inversão" de papéis que, por vezes, caracteriza os processos de vitimização/agressão, entre os quais destacamos o caso das mulheres vítimas de violência continuada que posteriormente se tornam agressoras dos filhos e os casos em que cometem o crime de homicídio (na forma tentada ou consumada) contra o seu agressor, adquirindo a partir daí, um estatuto de "agressoras", "criminosas". Um dos factores que está na origem da ênfase dada à problemática da violência familiar tem a ver com o contributo do Movimento Feminista dos anos 60 que, ao "desocultar" a violência contra as mulheres, trazendo esta discussão para o cenário público, chamou igualmente a atenção para um conjunto de fenómenos de vitimação até aí escondidos e intencionalmente ocultados. Referimo-nos particularmente à violência familiar, numa perspectiva alargada, e à violência contra as crianças em particular. O Movimento Feminista trouxe ainda outros benefícios como, por exemplo, o facto de chamar a atenção para a incidência de vitimação no seio familiar e para uma realidade que até aí não era evidente: a questão das consequências psicológicas a longo prazo que algumas experiências de vitimação podem originar (Fergusson & Mullen, 1999).

Obviamente que, como na maioria dos fenómenos sociais, também esta nova "interpretação social do mau-trato" só é possível graças a uma série de mudanças ideológicas macro-estruturais associadas, neste caso, ao estatuto social que a criança entretanto foi adquirindo (Alberto, 2006; Canha, 2000; Fergusson & Mullen, 1999; Finkelhor & Browne, 1985). Afigura-se-nos óbvio que os esquemas interpretativos a que, ao longo da história, recorremos para definir a violência contra as crianças dependem largamente da concepção e da valoração relativa à própria noção de infância e dos discursos sociais dominantes numa determinada época histórico-política.

Os comportamentos violentos para com as crianças têm raízes ancestrais, "quanto mais recuamos no tempo, maiores são as atrocidades cometidas contra as crianças" (Canha, 2000, p. 19). Os maus-tratos, o abandono, a mutilação eram actos considerados "normais" (Zigler & Hall, 1989). O facto de o infanticídio ser uma prática que se manteve até ao século XIX, sendo pacificamente aceite pela sociedade como forma de eliminar filhos ilegítimos ou como forma de controlo da natalidade, por questões económicas, é bem ilustrativo da desvalorização e ausência de um sentimento de protecção à infância (idem).

No período Medieval, a criança era considerada "um adulto em ponto pequeno", isto é, não se fazia qualquer tipo de diferenciação entre o adulto e a criança ao nível das rotinas, do trabalho (o trabalho infantil era aceite como normal), do ócio ou do jogo (Ariès, 1986), não tendo um estatuto qualitativamente diferente do de um adulto: "na sociedade medieval o sentimento de criança não existia (…) assim que a criança era capaz de viver sem a solicitude constante da sua mãe, da sua ama, da sua aia, passava a pertencer à sociedade dos adultos e deixava de se distinguir dela" (Ariès, 1986, p. 183). No que diz respeito às práticas educativas e à instrução, não eram, nesta época, equacionadas estratégias vocacionadas especificamente para as crianças, isto é, a criança crescia e desenvolvia-se no mundo dos adultos, que partilhavam com esta o seu saber e o seu quotidiano. Neste contexto sócio-cultural, em que o poder dos pais sobre os filhos era absoluto e em que a singularidade da criança estava longe de ser reconhecida, os castigos físicos violentos eram considerados uma estratégia eficaz, adequada e indispensável para manter a ordem e a disciplina. A infância estava, pois, ainda longe de ser considerada um período específico e de grande importância no desenvolvimento do ser humano. Esta situação arrastou-se durante um longo período, muito embora tenham ocorrido algumas transformações como, por exemplo, a preocupação que começa a fazer-se sentir, em meados do século XVI, com as práticas de higiene e de saúde.

A partir do século XVI a aprendizagem começa a fazer-se na escola, deixando de estar confinada ao meio familiar da criança. Esta transformação tem sérias implicações nas dinâmicas familiares, uma vez que até aí era habitual a criança viver com os pais até sensivelmente aos oito anos, período após o qual poderia ir servir para casa de outras pessoas, onde permanecia cerca de 8 anos, voltando em alguns casos para a família de origem. A emergência do dispositivo escolar (embora a idade não seja considerada um critério de admissão na escola até ao séc. XIX) parece espelhar transformações sociais da família e, simultaneamente, contribuir para uma aproximação entre pais e filhos, uma vez que a tradição de colocar a criança numa outra família deixa de ser tão comum (Ariès, 1986). Contudo, este facto não é suficiente para despoletar uma cultura familiar tal como hoje a concebemos (pelo menos no plano teórico ou ideal).

A partir da segunda metade do século XVIII, um novo sentimento relativamente à infância parece explicar uma reacção mais emotiva e alarmada por parte da sociedade relativamente aos acidentes com crianças, às situações de perigo. A partir desta altura, os acidentes com crianças e os "ultrajes" a esta são mais destacados e mais perseguidos (Vigarello, 1998). Ao longo da história, algumas "vozes" tentaram chamar a atenção para a defesa da criança e, nesta matéria, a figura de Rousseau é incontornável. No século XVIII, Rousseau, numa perspectiva mais "romântica" da infância como "idade da inocência", refere a importância de se falar mais nos direitos das crianças e menos nos seus deveres. O advento deste novo sentimento de infância só "toca", porém, as crianças das classes mais favorecidas, uma vez que a Revolução Industrial trouxe novas expressões aos maus-tratos infantis nas classes mais carenciadas, nomeadamente a exploração do trabalho infantil. Assim, algumas crianças eram forçadas a trabalhar arduamente e, por vezes, estavam sujeitas aos mais violentos castigos (espancamento, imersão em depósitos de água gelada, etc.) caso não obtivessem a produtividade esperada (Zigler & Hall, 1989).

Ao longo do século XIX, a conjuntura sócio-económica sofre também mudanças estruturais determinantes para a alteração progressiva da concepção e do estatuto da criança. Referimo-nos a uma conjuntura que reúne vários desenvolvimentos: a Revolução Industrial, a consolidação da burguesia enquanto classe com poder económico e social, uma maior preocupação com a educação escolar e a evolução científico-cultural. Não obstante as acentuadas assimetrias entre os grupos sociais, a reunião destas circunstâncias despoletou progressivamente a necessidade de reconhecer as características distintivas da criança e a sua singularidade. As preocupações com a saúde, com o combate a certas doenças e a prevenção de outras (através de vacinas, por exemplo), começam a adquirir alguma prioridade, reflectindo a emergência de um sentimento mais generalizado de protecção à criança.

Não obstante o significativo avanço ao nível da concepção da criança como ser particularmente vulnerável, a realidade é que o reconhecimento da violência contra as crianças como um problema médico, psicossocial e de saúde pública só viria a acontecer muito mais tarde (podemos, aliás, questionar se mesmo nos dias de hoje essas três dimensões serão integralmente reconhecidas). A ilustrar este atraso generalizado na valorização do impacto negativo da violência contra as crianças, é citado recorrentemente na literatura da especialidade o caso de Mary Ellen Wilson. Uma criança norte-americana que em 1874 é encontrada enclausurada em casa, com sinais de ter sido agredida fisicamente pelos pais adoptivos. A polícia de Nova York recusou-se a trabalhar o caso devido ao facto de não haver enquadramento legal que consignasse os maus tratos perpetrados pelos cuidadores. A singularidade deste caso tem a ver com o facto de ter sido resolvido com a ajuda da American Society for the Prevention of Cruelty to Animals (ASPCA), com a justificação de a criança também fazer parte do reino animal. A divulgação desta história originou a criação de associações de protecção congéneres à ASPCA, desta vez especificamente direccionadas para crianças (Zigler & Hall, 1989).

A reflexão em torno da problemática dos maus-tratos à criança conhece uma nova abordagem em meados do século XX, com a publicação de alguns artigos que se centravam na discussão de casos clínicos de crianças que apresentavam lesões de origem traumática – artigos escritos por John Caffey (1946), Silverman (1953), Wolley & Evans (1955), entre outros. Em 1962, Henry Kempe publica "The Battered Child Syndrome", que passa a ser o artigo de referência na história da investigação científica sobre as crianças maltratadas. O "Síndrome da Criança Batida", segundo Kempe, refere-se a situações em que crianças pequenas foram agredidas fisicamente de forma violenta pelos pais ou seus substitutos (Kempe, 1962). Neste artigo, Kempe adverte para o facto deste problema muitas vezes não ser reconhecido pelos profissionais de saúde e, quando o é, estes terem muitas dificuldades em lidar com a questão e em denunciá-la às autoridades (Kempe, 1962).

As repercussões do estudo levado a cabo por Kempe despertam na comunidade científica o desejo de investigar a questão dos maus-tratos, da vitimação de crianças em geral, e a literatura médica vocacionada para este assunto aumenta exponencialmente (Starling & Boos, 2003). No entanto, apesar do estudo da vitimação infantil ter conhecido um grande impulso a partir desta data, nem todas as formas de maus-tratos receberam a mesma atenção por parte dos investigadores e dos profissionais. Iremos, noutra secção deste trabalho, abordar especificamente o caso da vitimação sexual e veremos que o seu reconhecimento como forma de mau-trato e como problemática social é muito mais tardio.

Progressivamente, as características distintivas da criança são reconhecidas e, não obstante persistirem inúmeros problemas relativamente à sua protecção e à promoção dos seus direitos (muitos destes problemas, infelizmente, subsistem até aos dias de hoje), a criança adquiriu um estatuto próprio na sociedade, assumindo um lugar privilegiado nos discursos políticos dos vários governos (apesar destes discursos nem sempre serem consequentes), ao mesmo tempo que surge um conjunto de plataformas não governamentais de apoio à infância e um sentimento social generalizado de apoio e solidariedade relativamente às situações de risco e de vulnerabilidade. Consequentemente, reúnem-se condições para a criação de dispositivos assistenciais direccionados à infância e uma maior intervenção do Estado na defesa dos seus interesses, nomeadamente: a criação dos Tribunais de Família e Menores, o desenvolvimento de legislação específica para as crianças, a organização de comissões especiais vocacionadas para a sua protecção, entre outras. Simultaneamente, tem sido crescente o número de respostas interventivas, no entanto, como veremos numa secção posterior deste trabalho, o aumento das respostas e a qualidade das mesmas parece ainda estar aquém das necessidades sentidas e das exigências do próprio fenómeno. A questão que se coloca a propósito destas iniciativas é se elas reflectem as verdadeiras necessidades da criança ou se, simultaneamente, poderão contribuir para a manutenção ou agravamento da sua condição de fragilidade.

No plano científico, um número significativo dos investigadores que se dedicam à Vitimologia têm vindo a conduzir estudos na tentativa de organizar e sistematizar os dados relativos às taxas de prevalência e de incidência da vitimação junto de crianças (esta é, de resto, a principal temática dos primeiros estudos efectuados neste domínio), às características das vítimas, dos cenários da vitimação, dos contextos onde esta ocorre e dos factores de risco associados, entre outros. Neste esforço de "organização" de dados, a vitimação infantil situa-se, como foi já referido, predominantemente num contexto mais abrangente que é o da violência familiar. Uma das explicações possíveis para este enquadramento é o facto de haver alguma consistência nos indicadores estatísticos que apontam para o facto de a maioria das situações de violência contra as crianças ocorrer no contexto familiar (Canha, 2000; Doerner & Lab, 1998; Finkelhor, 1984; Givannoni, 1989). Isto é, os estudos indicam que a grande maioria das crianças maltratadas tem como ofensor um familiar próximo, o que pode justificar, pelo menos parcialmente, o facto das cifras negras da vitimação infantil serem tão elevadas.

A discussão social em torno da vitimação infantil tem gerado, embora com grandes assimetrias entre os diferentes países, e mesmo dentro de cada país, uma crescente centração nos direitos da criança e na sua promoção, que se traduz num aumento das estruturas de apoio vocacionadas para o encaminhamento, atendimento e acolhimento de crianças em risco.

A tradição investigativa, no que à vitimação de crianças diz respeito, é relativamente lacunar e recente, o que se percebe revendo a evolução histórica do próprio conceito de criança. No entanto, tal como foi anteriormente referido, a partir da segunda metade do século XX, deu-se um importante impulso neste domínio, impulso este que beneficiou claramente de uma conjuntura económica, psicossocial, científica e política mais permeável e sensível aos problemas das mulheres e das crianças.

Apesar desta evolução histórica nos discursos e atitudes face à criança, prevalecem algumas crenças profundamente enraizadas nas estruturas sócio-culturais que permitem e/ou validam certas forma de mau-trato, enquadrando-as no âmbito das "estratégias educativas" ou aceitando-as como "normais" num determinado contexto. Referimo-nos não só à punição física e à violência psicológica mas também ao abuso sexual, que em muitas micro-culturas é aceite como uma experiência normativa e, mesmo quando é encarado como uma situação disruptiva ou desadequada, é votado ao mais profundo secretismo, colocando a criança vítima numa situação de grande fragilidade e desamparo (Furniss, 1992; Manita, 2003; Wolfe, 1987).

No âmbito da investigação dedicada à vitimação infantil, o estudo da violência contra as crianças no contexto familiar assume um lugar de destaque e actualmente é elevado o número de estudos centrados nesta problemática. No entanto, importa destacar que as dificuldades que se impõem a este tipo de investigação coarctam frequentemente a possibilidade de se obterem dados mais alargados e mais fiáveis. Uma destas limitações tem a ver, como já foi referido, com o carácter oculto da violência familiar. Grande parte das situações não é referenciada ou divulgada devido à deficiente preparação e sensibilidade dos profissionais que contactam com as crianças vítimas (Doerner & Lab, 1998; Starling & Boos, 2003) e também à falta de uma cultura cívica que incentive os cidadãos a denunciar este tipo de situação. De qualquer forma, o mau-trato infantil no contexto familiar é hoje um foco de interesse importante para os investigadores na área da Vitimologia.

Particularmente a partir de 1985 tem havido uma "explosão" de estudos dedicados ao abuso sexual de crianças (Kendall-Tackett et al., 2001). Este impulso beneficiou inequivocamente de uma maior sensibilidade e consciência social e jurídica relativamente aos maus-tratos infantis e, particularmente, da divulgação social desta forma de vitimação, levada a cabo pelas abordagens feministas (a partir da década de 60).

Percebe-se, pois, que os primeiros relatos estudados sobre vitimação sexual infantil surjam a partir da voz de mulheres vitimizadas na infância, o que justifica que a maior parte dos estudos realizados sobre vitimação infantil sejam retrospectivos: num primeiro momento, alicerçados nos relatos da experiência de adultos vitimizados na infância e, posteriormente, no discurso de adultos que falam da criança e/ou pela criança – os seus cuidadores ou as equipas técnicas (Fergusson & Mullen, 1999; Finkelhor & Browne, 1995).

Ao longo do percurso da Vitimologia e de outras disciplinas que se dedicam ao estudo da vitimação infantil, sistematizaram-se ideias e conceitos de forma a que seja, actualmente, possível identificar e categorizar diferentes formas de mau-trato, relativamente aos quais existem já alguns conhecimentos consistentes quanto às suas características, factores de risco associados, principais consequências psico-sociais, etc. Na literatura da especialidade a definição de maus-tratos não é consensual, muito menos a sua classificação (Giovannoni, 1989). No entanto, apresentaremos a tipologia que reúne um maior nível de convergência e que é também a mais utilizada nos manuais e na intervenção psicológica e médico-legal. Assim, pela sua frequência e relevância, uma tipologia possível dos maus-tratos engloba as seguintes formas (Canha, 2000; Magalhães, 2002): **a) Maus-Tratos Físicos**, que dizem respeito a acções não acidentais que provoquem danos nas crianças. No mau-trato físico inclui-se o Síndrome da Criança Abanada, queimaduras, fracturas, lesões diversas, afogamento, intoxicações provocadas, entre outras; **b) Negligência**, que consiste genericamente em não assegurar à criança as suas necessidades básicas relacionadas com a higiene, a alimentação, a saúde e a afectividade. A omissão de cuidados pode ser voluntária ou involuntária (resultante da falta de competências parentais ajustadas, por exemplo). A ausência destes cuidados pode ter implicações graves ao nível desenvolvimental; **c) Abuso Sexual** – consiste no envolvimento de um menor em práticas que visam a satisfação sexual do adulto. O abuso sexual inclui comportamentos de exibicionismo, utilização do menor em material pornográfico ou em práticas sexuais, como beijos, carícias, manipulação dos órgãos genitais do abusador, penetração anal, oral e/ou vaginal; **d) Síndrome de Munchausen por Procuração**, que consiste na indução de sintomas na criança, por um dos seus cuidadores, de forma a submeter a criança a um conjunto de exames, tratamentos médicos invasivos e, frequentemente, dolorosos; **e) Mau-trato Psicológico** – é transversal a todas as formas de mau-trato, ou seja, a vitimação psicológica está presente em todas as formas de mau-trato descritas. No entanto, há situações em que esta forma de violência ocorre sem a presença de nenhuma das anteriores. O mau-trato psicológico consiste em comportamentos de hostilização, humilhação, abandono, rejeição, agressão verbal, exposição a violência, entre outros.

Em síntese, os estudos levados a cabo nas últimas décadas, na área da Vitimologia Infantil, parecem trazer uma clarificação pertinente e útil à compreensão, não só das formas da vitimação, das taxas de prevalência e incidência, factores de risco, das suas consequências psicossociais, das características das vítimas, mas também das problemáticas paralelas que lhe estão associadas e que são, em última análise, fundamentais para percebermos a vítima na sua globalidade. Referimo-nos concretamente a todas as experiências relacionadas com as alterações sócio-familiares decorrentes da vitimação, bem como ao envolvimento com os dispositivos jurídico-penais e assistenciais que passam obrigatoriamente a fazer parte da trajectória pessoal (e processual) da criança, a partir do momento em que se denuncia o delito, e às significações subjectivas atribuídas a estas vivências.

1.2. Psicologia Forense

As sucessivas aproximações entre os dois "espaços" teóricos e de intervenção (a Psicologia e a Justiça) contribuíram para esboçar uma disciplina que actualmente começa a ganhar um estatuto mais definido – a Psicologia Forense – ramo da Psicologia que se refere à aplicação dos seus quadros teóricos e metodológicos às questões e decisões judiciais (Blackburn, 1996). Isto é, a utilização de linhas explicativas disponíveis na Psicologia de modo a atingir-se uma compreensão do binómio Lei-Sujeito em diferentes contextos experienciais desta relação, podendo o indivíduo situar-se em diversos estatutos quanto à sua "condição judicial":

vítima, arguido, testemunha, entre outros. Há autores que avançam com definições que apresentam estreitas ligações com áreas mais específicas da Justiça, como a investigação criminal, recolha, exame e apresentação de evidências do âmbito da Psicologia para fins judiciais (Gudjonsson, 2003). Outros, situam a Psicologia Forense sobretudo no plano da sua contribuição para a compreensão das características e funcionamento da memória, do testemunho (a este propósito vale a pena recordar a obra pioneira de Munsterberg – "*On the Witness Stand*" – que data de 1908), das variáveis que podem alterar o comportamento da testemunha, da veracidade das declarações, da credibilidade do depoimento, etc.

A assessoria técnica prestada pelos psicólogos ao sistema judicial remonta ao início do século XIX (Brigham, 1999), com o contributo de alguns profissionais e investigadores para o esclarecimento pontual de questões de saúde mental em processos judiciais. Este domínio específico tem conhecido um avultado investimento por parte dos investigadores nos últimos anos, daí o grande número de estudos em que se procura fundamentar protocolos de entrevista e roteiros de avaliação, especialmente nos casos de abuso sexual de menores, no sentido de recolher e preservar provas forenses com o máximo rigor possível.

O próprio desenvolvimento e expansão da Psicologia Forense deve-se, em grande medida, à necessidade da Psicologia dar resposta a questões extremamente complexas e delicadas suscitadas pelo sistema judicial e cuja resposta não pode ser disponibilizada apenas pelos quadros teóricos gerais/tradicionais da Psicologia. O caso do abuso sexual de crianças é um dos exemplos mais paradigmático desta "exigência", de tal forma que não seria exagerado sugerir que este fenómeno condicionou de forma profunda o curso da Psicologia Forense e contribuiu visivelmente para a sua expansão como ramo científico aplicado. Se não, olhemos para a ênfase dada à investigação da memória, à questão da aferição de provas psicológicas ou à divulgação de protocolos de avaliação das "alegações de abuso", de avaliação da veracidade, entre muitos outros. Todos estes estudos, realizados sob a alçada científica da Psicologia Forense, se aplicam na assessoria técnica prestada pela Psicologia aos dispositivos judiciais, contribuindo (esperemos que da melhor forma possível) para a consolidação desta área.

Numa tentativa de definição mais geral poder-se-á dizer, então, que o objecto da Psicologia Forense é o conjunto de circunstâncias que ligam o Sujeito e a Lei (Viaux, 2003) e constitui "um campo interdisciplinar, cuja especificidade é a interface entre a Psicologia e o Direito" (Machado &

Gonçalves, 2005, p. 19). Nesta linha conceptual, podem incluir-se uma vastidão de trabalhos e aplicações oriundos de domínios distintos como a Psicologia do Desenvolvimento Humano, a Psicologia do Comportamento Desviante, a Psicologia do Testemunho, a Psicopatologia, etc., uma vez que todos eles podem auxiliar a compreensão das ligações entre a Psicologia e o Direito, entre o sujeito e a lei e entre o plano das significações pessoais e o dos factos que dão origem ao processo judicial.

Muito embora nem a própria designação seja ainda consensual – há autores que utilizam o termo Psicologia Jurídica, Psicologia Legal, Psicologia Judiciária, Psicologia da Justiça, outros que lhe atribuem um estatuto específico situado numa área mais vasta que é a Psicologia e Direito (Blackburn, 1996) – o facto é que a comunidade científica tem vindo cada vez mais a dedicar-se à investigação de objectos que remetem para uma zona de confluência entre o Direito e a Psicologia. "Este ramo da Psicologia está a crescer rapidamente, tem um enorme potencial científico e o seu impacto no sistema jurídico é já bastante expressivo em vários países" (Gudjonsson, 2003, p. 166). Este crescimento é recente, uma vez que, apesar dos psicólogos estarem presentes nos contextos forenses desde há várias décadas, só depois da Segunda Guerra Mundial (com todas as transformações que esta operou e as necessidades que criou), quando a Psicologia Clínica adquire um estatuto mais definido enquanto área de intervenção, se começou a delinear, dentro da Psicologia, a área forense (Otto & Heilburn, 2002). No início da década de 50 e até à actualidade, os psicólogos desenvolveram programas de intervenção nos dispositivos judiciais. Nos momentos iniciais, esta intervenção foi especialmente dirigida aos dispositivos do sistema penal (ex: institutos de reinserção, sistema prisional) e só mais recentemente junto das vítimas de crime (associações de apoio a vítimas, organismos governamentais de assistência a vítimas, dispositivos ligados à sinalização e avaliação de situações de risco, entre outros) (idem).

O crescimento e consolidação da Psicologia Forense reflectem-se num aumento exponencial do número de publicações e estudos. Até à década de 70, a investigação sistemática neste domínio era muito reduzida (Grisso, 1987). A partir da década de 80, o número de estudos e publicações conheceu um aumento significativo, que foi (como veremos adiante a propósito da investigação científica do abuso sexual de crianças) acompanhado por um crescente interesse nas temáticas da violência, da vitimação e da criminalidade em geral. Disto é exemplo, como já foi referido, o incremento de estudos sobre Psicologia do Testemunho, sobre a memória, o impacto e dinâmicas da vitimação, o comportamento violento e dinâmicas psicológicas associadas aos casos de conflito parental, exercício das responsabilidades parentais e divórcio, bem como o estudo do funcionamento psicológico e das características da personalidade relativas aos actores envolvidos no dispositivo judicial em diferentes estatutos. É neste âmbito que se enquadram também as investigações sobre o impacto psicológico decorrente do envolvimento nas dinâmicas processuais judiciais (embora esta área de estudo seja ainda bastante reduzida). A pertinência de nos socorrermos da Psicologia Forense (a par de outras disciplinas) como um dos suportes teóricos deste trabalho prende-se, então, com o facto de, relativamente à forma de vitimação que nos ocupa neste trabalho – o abuso sexual de crianças – esta disciplina ter, nos últimos anos, impulsionado vivamente a sua investigação, aumentando assim o leque de conhecimentos disponíveis acerca do fenómeno e, consequentemente, das suas especificidades e implicações ao nível jurídico e psicológico.

Em síntese, a Psicologia Forense parece ser, então, um dos territórios possíveis para o encontro entre a Psicologia e a Justiça e este espaço de encontro não se restringe somente ao domínio da investigação. Lentamente, esta área começa a dar passos importantes ao nível das práticas, cujo exemplo mais paradigmático é a avaliação psicológica forense (Otto & Heilburn, 2002). De acordo com a teoria segundo a qual uma das principais "condições de possibilidade" para o nascimento da Psicologia como ciência foi uma conjuntura social e jurídica assente numa estratégia global de controlo social e de defesa da disciplina, parece-nos justificada a elevada centração e valoração atribuídas ao exame e à avaliação psicológica, uma vez que estes configuram uma forma de caracterizar o indivíduo, conhecê-lo para intervir e controlar o seu comportamento. Este domínio específico operacionaliza-se num instrumento de interface entre o Direito e a Psicologia que já adquiriu um estatuto importante e cuja utilidade é cada vez mais reconhecida: a perícia psicológica forense. A perícia psicológica forense constitui um dos mais privilegiados e conhecidos meios de ligação entre a Psicologia e o Direito devido, em larga medida, ao seu estatuto de "prova pericial".

Tradicionalmente, a avaliação psicológica, tal como a maioria das outras diligências processuais do processo penal, direccionava-se unicamente para o autor do delito, no sentido de conhecer e/ou "medir" a sua perigosidade e, perante estes dados, decidir da pena ou da medida de coacção. Mais recentemente, vai surgindo a indicação para que a avaliação psicológica se estenda igualmente às vítimas e a outros grupos que se encontram, por alguma razão, numa situação de particular complexidade e vulnerabilidade (ex: nas situações de litígio parental e regulação das responsabilidades parentais, situações de vitimação e de risco, etc.). Note-se, no entanto que, mesmo em alguns dos exemplos referidos anteriormente, em que é sugerida ou solicitada uma avaliação psicológica da vítima, o objectivo da avaliação está muito mais ao serviço da investigação das circunstâncias do delito e do comportamento do arguido do que da reparação da vítima (Doerner & Lab, 1998), o que espelha bem a centralidade que a figura do transgressor continua a assumir no seio do aparelho jurídico.

Sendo certo que a avaliação psicológica no contexto forense assume um lugar de charneira no interface entre o campo da Psicologia e do Direito, actualmente começamos assistir a uma diversificação de actividades e intervenções que vão muito para além desta concepção mais redutora do papel da Psicologia na administração da Justiça. Nesta linha, surgem iniciativas que pretendem implementar no terreno medidas que remetem para a aplicação prática dos conhecimentos científicos avançados pela Psicologia Forense. A título de exemplo, podemos referir o caso da Alemanha onde o interrogatório na fase de inquérito a crianças vítimas de abuso sexual é efectuado por psicólogos com formação específica na área forense, em colaboração com a polícia (Van Gijseghem, 1992).

Em Portugal, a implementação deste tipo de práticas é incipiente ou mesmo nula, no entanto, o cenário académico parece acolher abertamente esta disciplina. Prova disso é a recente inclusão desta disciplina nos *curricula* das universidades, a profusão de cursos pós-graduados nesta área e o aumento do número de publicações, o que reflecte uma gradual consolidação deste domínio ao nível da investigação que poderá repercutir-se de forma mais expressiva ao nível das práticas.

Apesar de haver ainda um longo percurso a construir, a área forense da Psicologia tem já dado, como vimos, um contributo relevante para a compreensão das dinâmicas psicológicas envolvidas na relação do indivíduo com a Justiça, auxiliando também o aprofundamento e sistematização de conhecimentos sobre os fenómenos que dizem respeito às duas áreas. Neste sentido, socorrendo-nos dos conteúdos específicos que a Vitimologia e a Psicologia Forense nos oferecem, direccionaremos o capítulo seguinte para a compreensão da fenomenologia do abuso sexual de crianças enquanto território onde a Psicologia, a Vitimologia e a Justiça inevitavelmente se encontram.

CAPÍTULO 2

Dinâmicas do Abuso Sexual de Crianças no contexto familiar

O abuso sexual de crianças é um fenómeno cuja definição ainda não é consensual (Haugaard, 2000), muito embora, actualmente, seja considerado uma forma de mau-trato infantil tal como o são o mau-trato físico e psicológico, a negligência, o síndrome de Munchausen por procuração, entre outros. Os cambiantes dos discursos sociais relativos a esta problemática e as diferenças culturais a ele associadas têm sido relevantes, pelo que a operacionalização de uma definição do conceito é ainda difícil de concretizar. Numa leitura retrospectiva, o que se verifica é que a definição do fenómeno evoluiu acompanhando a evolução do conceito de criança e, como veremos no capítulo seguinte, o enquadramento legal desta problemática segue igualmente este movimento. Propomo-nos realizar, nas próximas secções deste trabalho, uma leitura breve sobre a evolução da conjuntura conceptual e ideológica que deu suporte à construção dos discursos actualmente disponíveis sobre o abuso sexual, em duas vertentes: a psicossocial e a legal (que será abordada no Capítulo III).

2.1. Evolução psicossocial do conceito de Abuso Sexual de Crianças

A compreensão da fenomenologia do abuso sexual de crianças é indissociável do estudo da evolução do conceito de criança ao longo da nossa história.

A variabilidade na definição de abuso sexual deve-se, em parte, a estas mutações conceptuais em torno do próprio conceito de criança. Por exemplo, se recuarmos à Idade Média verificamos que esta corresponde a um período em que os adultos se relacionavam com a criança como se de um adulto se tratasse. Por isso, ao nível do comportamento sexual não havia restrições ou separação de contextos, isto é, era aceite que a criança assistisse a situações de envolvimento sexual entre adultos. Esta permissividade devia-se, parcialmente, ao facto de a criança ser considerada até uma determinada idade (sensivelmente até aos 12 anos) um ser indiferente à sexualidade, logo, a exposição a este tipo de cenário sexual era considerada inócua (Ariès, 1986). "Este modo familiar de associar as crianças às brincadeiras sexuais dos adultos fazia parte dos costumes e não chocava a opinião" (Ariès, 1986, p. 149). Relativamente à vitimação sexual, J.-P. Desaive (cit.Vigarello, 1998, p. 20) refere: "a violência sexual inscreve-se num sistema em que a violência reina, por assim dizer, naturalmente a propósito de nada [a nosso ver], em que as crianças são derreadas de pancada pelos adultos; as mulheres pelos homens ou por outras mulheres; os criados pelos patrões. Por vezes o agressor quebra o pau ou a espada nas costas das vítimas, outras vezes mata-as. Pareceria muito artificial, em tais condições, isolar o delito sexual das outras formas de agressividade constantemente presentes ou latentes na vida quotidiana da sociedade tradicional". Esta passagem ilustra claramente o reduzido nível de atenção, preocupação e interesse relativamente à vitimação sexual de crianças nesta época.

Em síntese, até meados do século XVII a sexualidade e a exposição à sexualidade adulta não seriam considerados um assunto problemático ou causador de qualquer tipo de perturbação na criança. Esta perspectiva transforma-se, e quando o estatuto de "criança" começa a ser reconhecido e valorizado, independentemente das características do adulto, surge um novo registo conceptual assente numa moralidade que confere à criança atributos de "pureza", "inocência", "castidade" (Ariès, 1986). Neste contexto, a exposição da criança à sexualidade e, mais concretamente ao abuso sexual, muito embora não fosse um assunto discutido abertamente nem intervido ou censurado, começa a ser considerado um facto grave.

Até à década de 70 do século XX muito pouco foi escrito sobre o abuso sexual de crianças nas revistas de Medicina (incluindo as de Psiquiatria e Pediatria), Psicologia e Sociologia. Em 1977, Henry Kempe, numa comunicação à American Academy of Pediatrics, descreve o abuso sexual como um problema oculto e negligenciado (Myers et al., 1999). No período entre 1900 e 1970 a literatura sobre este domínio, para além de ser reduzida, direccionava-se fundamentalmente para quatro temáticas (Myers et al., 1999):

a) As crianças eram responsáveis pela sua próxima vitimação (seguindo o percurso inicial da Vitimologia em que se procurava perceber qual o papel/contribuição da vítima na precipitação da situação de violência);

b) As mães eram igualmente consideradas responsáveis pelo facto de os filhos serem abusados sexualmente, particularmente nos casos de incesto (a referência ao abusador como culpado ou como criminoso é extremamente rara nas publicações deste período);

c) O abuso sexual era considerado um fenómeno raro (dado o carácter oculto da questão e a falta de conhecimentos científicos neste domínio, os investigadores atribuíam pouca importância a esta forma de vitimação);

d) O abuso sexual não era considerado uma forma de vitimação que provoca danos na vítima (a crença de que o abuso sexual não é traumático está ligada a um outro mito: o de que as manifestações traumáticas evidenciadas pela criança se devem à descompensação desta, a uma perturbação estrutural do seu comportamento e não a um quadro reactivo a uma situação de vitimação potencialmente traumática, como é o abuso sexual).

Assim, antes da década de 70, as leituras que a comunidade científica disponibilizava sobre o abuso sexual de crianças estavam profundamente enraizadas num conjunto de crenças e de mitos que contribuíram para uma hiper-responsabilização da criança pela vitimação. O sofrimento, os danos causados pela agressão e a sua incapacidade para manifestar resistência eram encarados, quer por parte da comunidade científica, quer pela sociedade em geral, com um nível de cepticismmo de tal forma elevado que chegava a ser "demagógico" (Myers et al., 1999, p. 206). Infelizmente, estes mitos dominaram, não só a construção social do conceito de vítima e os discursos científicos, como também a área jurídica, condicionando fortemente o procedimento judicial na perspectiva da vítima, como veremos no próximo capítulo deste trabalho.

Foi preciso esperar até à segunda metade do século XX, mais propriamente até à década de 70, para que esta problemática fosse desocultada, o que veio a acontecer graças, sobretudo, ao Movimento Feminista (como já foi referido no capítulo anterior). Embora com menor expressividade, outros factores contribuíram também para aquilo que Fergusson e Mullen (1999) denominam a "descoberta do Abuso Sexual de Crianças". Entre estes factores destaca-se a emergência da protecção à infância e o movimento de defesa dos direitos da vítima, impulsionado pela evolução da Vitimologia (Myers et al., 1999). Nesta altura, a experiência de abuso sexual de crianças passou a ser conhecida através do relato de mulheres que tinham sido abusadas na sua infância, o que gerou algum foco de preocupação ao nível terapêutico relativamente a este grupo, mais até do que uma aposta no investimento na prevenção e tratamento de crianças abusadas (Fergusson & Mullen, 1999).

A década de 80 testemunhou um fenómeno relativamente ao abuso sexual que alguns autores denominam "Difusão" (Fergusson & Mullen, 1999; Haugaard & Reppuci, 1988). A evolução operada na década anterior criou bases para a expansão do conhecimento acerca do abuso sexual de crianças. Neste processo, aquela forma de vitimação foi activamente "apresentada ao público" por políticos e profissionais como sendo um problema social muito significativo (Fergusson & Mullen, 1999, p. 4). Os mass media também começaram a ficar mais sensíveis a esta problemática e, neste período, era relativamente frequente encontrar em revistas relatos de mulheres que tinham sido abusadas na infância, o que demonstra bem a crescente visibilidade social do fenómeno. A comunicação social favoreceu ainda a emergência de um novo tipo de preocupação: a divulgação das histórias de vitimação de um número significativo de casos gerou, na opinião pública, a sensação de que um elevado número de crianças poderia, então, estar em risco, sobretudo pelo facto de o abuso poder acontecer no seio da família.

Por outro lado, o alargamento da definição de abuso sexual, que passou a abranger um leque mais vasto de experiências – desde a exposição a comportamentos sexuais até à violação – permitiu, não só a identificação de um maior número de situações, como também reflectiu uma sensibilidade e "vigilância" superiores às que se verificavam anteriormente. Na construção social do conceito de abuso sexual enquanto forma de vitimação, não poderemos esquecer ainda o papel dos técnicos – psicólogos e assistentes sociais – que, segundo Finkelhor (1984), deram um contributo incontornável para chamar a atenção para este fenómeno.

A desocultação e difusão do fenómeno produziram benefícios inequívocos ao nível do conhecimento desta problemática e da intervenção. No entanto, trouxeram consigo alguns "custos", que reflectem também o facto de esta ser uma área de estudo e intervenção descoberta recentemente. Assim, a necessidade de demonstrar e divulgar que o abuso sexual é, efectivamente, um problema grave conduziu (e eventualmente continua a conduzir) alguns profissionais a adoptar ocasionalmente uma postura de "excesso de zelo" (Fergusson & Mullen, 1999, p. 7), cujos efeitos se reflectiram, sobretudo, numa avaliação e identificação algo "infundamentada" ou, pelo menos, precipitada de situações de abuso sexual.

Na última década do século XX assiste-se, segundo Fergussen e Mullen (1999) à "Consolidação" da informação científica sobre o abuso sexual de crianças. Assim, este conjunto de informações é suficiente para dar suporte a três conclusões gerais sobre esta problemática (idem):

1. A exposição a experiências sexuais na infância é considerada um problema frequente (desmistifica-se a ideia de que o abuso sexual era um fenómeno raro).
2. Há certas circunstâncias e contextos familiares que elevam o risco de abuso sexual.
3. A experiência de abuso sexual está associada a um maior risco de desenvolvimento de perturbações emocionais a curto e a longo prazo.

Estas conclusões conduzem a uma maior consciencialização pública e profissional acerca dos direitos das vítimas, da necessidade de usufruírem de apoio psicológico especializado e, consequentemente, promove o desenvolvimento de serviços e estruturas especificamente direccionados para esta população. O foco de interesse dos estudos também se expande, passando a incluir (para além dos estudos de prevalência característicos da primeira fase) temáticas ligadas ao impacto psicológico do abuso, à selecção da abordagem terapêutica tendo em conta as necessidades específicas destas vítimas, entre outras.

Assiste-se, pois, à "Consolidação" do conceito de abuso sexual de crianças – "processo através do qual um objecto social se torna um constructo sólido, cujas características e propriedades já não são abaláveis ou questionáveis" (Scott, 1995, cit. Fergusson & Mullen, 1999, p. 7).

Não obstante, a dificuldade em estabelecer fronteiras entre o que é considerado ou não abuso sexual, a heterogeneidade das suas manifestações, a dificuldade em operacionalizar e articular definições entre as várias áreas científicas envolvidas no estudo desta problemática, constituem alguns dos muitos desafios e debates que continuam em aberto (Haugaard, 2000).

2.2. O desafio de definir o Abuso Sexual de Crianças

A definição de abuso sexual continua um processo em curso onde o consenso ainda não foi encontrado. A tentativa de superar alguns destes obstáculos e chegar a uma definição eficaz do ponto de vista operacional, levou a que a investigação enveredasse por definições gerais que incluíssem referências à natureza, extensão e gravidade do abuso (inclui uma grande diversidade de comportamentos e graus de violência), carácter intrusivo e não desejado do acto pela vítima, e impacto desta vivência em termos imediatos e a longo prazo na criança e no adulto. Em geral, as definições legais e técnicas abrangem dois elementos centrais (Kendall-Tackett et al., 2001): actividades sexuais que envolvem crianças e carácter abusivo dessas actividades (pressupondo uma relação de poder desigual entre o abusador e a vítima).

Entre as várias definições mais gerais, poderemos indicar, neste trabalho, algumas com fortes similitudes entre si e que agrupam um conjunto de elementos centrais das características do abuso sexual: "O abuso sexual traduz-se pelo envolvimento do menor em práticas que visam a gratificação e satisfação do adulto ou jovem mais velho, numa posição de poder ou de autoridade sobre aquele. Trata-se de práticas que o menor, dado o seu estádio de desenvolvimento, não consegue compreender e para as quais não está preparado, às quais é incapaz de dar o seu consentimento informado e que violam a lei, os tabus sociais e as normas familiares" (Magalhães, 2002, p. 35).

Uma outra definição que reúne algum consenso refere a utilização de uma criança, por um adulto, para qualquer tipo de propósito sexual, incluindo toda a forma de contacto sexual directo ou indirecto (e.g., penetração vaginal, oral ou anal, masturbação da ou pela criança, exposição dos genitais à criança, pedir à criança que toque no adulto ou em si própria de uma forma sexualizada, coagir a criança a ter relações sexuais com terceiro, exploração através de pornografia infantil, fotografia, etc.). São ainda exemplos deste tipo de abuso a exposição da criança a comentários com conotação sexual sobre o seu corpo, textos ou objectos com conteúdos sexuais e/ou pornográficos (Finkelhor, 1984; Magalhães, 2002). Configura também abuso sexual o contacto sexual de uma criança mais velha com uma mais nova (perfazendo uma diferença de idades de cinco anos). Para alguns autores configura também abuso sexual esse tipo de contactos entre crianças da mesma idade desde que exista entre ambas uma diferença significativa[1] do nível de desenvolvimento cognitivo e emocional. (Manita, 2003).

Esta definição é, no nosso país, utilizada pelos profissionais que intervêm nesta área (psicólogos, assistentes sociais, médicos) e pelo sistema judicial, traduzindo uma partilha de conceitos que pode ser eficaz em termos de avaliação e intervenção. A utilização de uma definição consensual é também importante para evitar discrepâncias ao nível da sinalização das situações ou diferenças significativas nos estudos epidemiológicos (Fergusson & Mullen, 1999; Haugaard, 2000).

Quanto às características gerais, a classificação mais frequente é a diferenciação entre abuso sexual intrafamiliar (envolve o abuso de uma criança por um elemento da família) e extrafamiliar (envolve o abuso da criança por um elemento exterior à sua família: um estranho, um vizinho, uma pessoa conhecida, professor, amigo, etc.). No que diz respeito à frequência, distingue-se o abuso ocasional (tem a ver com ocorrências esporádicas, delimitadas no tempo), episódico (quando o abuso ocorreu apenas uma vez) ou continuado (o abuso ocorre de forma continua e repetida, fazendo parte de uma rotina na vida da criança). A vitimação sexual que ocorre no contexto intrafamiliar, pelas dinâmicas abusivas presentes, às quais nos referiremos de seguida, tende a ocorrer de forma continuada.

2.3. As especificidades do Abuso Sexual no contexto familiar

Apesar da significativa evolução científica na área da vitimação sexual na infância, continua a estar muito enraizada na opinião pública a ideia, ou o mito, de que o abuso sexual acontece sobretudo fora da família e que o abusador é habitualmente um homem de idade avançada, estranho à criança e "um doente mental" (Hartman & Burgess, 1989). Uma outra consideração bastante presente no senso comum é a de que abuso sexual e pedofilia são sinónimos e, nesta lógica, o abusador sexual e o pedófilo têm a mesma identidade, ou são termos equivalentes. Este é mais um dos

---

[1] Obviamente que estas diferenças etárias são extremamente difíceis de balizar. A análise casuística continua a ser a única forma de avaliar estas situações.

muitos mitos associados à vitimação sexual e que está profundamente ligado à crença de que uma pessoa que abusa sexualmente de crianças tem, inevitavelmente, de apresentar algum tipo de patologia, ou seja, ser um pedófilo. A pedofilia é um tipo de parafilia que, segundo o Diagnostic and Statistical Manual of Mental Disorders – Fourth Edition (DSM-IV) se manifesta pela a) emergência de fantasias sexualmente excitantes, impulsos sexuais ou comportamentos recorrentes e intensos durante um período de pelo menos 6 meses, implicando actividade sexual com uma criança ou crianças na pré-puberdade, e b) as fantasias, impulsos sexuais ou comportamentos que provocam mal-estar clinicamente significativo ou dificuldade no funcionamento social, ocupacional ou em outras áreas; c) a pessoa tem pelo menos 16 anos e é pelo menos cinco anos mais velha do que a criança ou crianças do critério a). De facto, abuso sexual e pedofilia são realidades que se entrecruzam mas não são a mesma coisa: o acto de abusar sexualmente é um comportamento (desviante), muito excepcionalmente uma doença. Parece verificar-se relativamente ao abuso sexual o mesmo fenómeno social que se pode apreciar noutras problemáticas: a necessidade de categorizar "o criminoso" como alguém diferente de nós e, preferencialmente, distante de nós.

No entanto, a realidade apresentada pelos estudos parece bem diferente deste quadro: "O contexto do abuso sexual infantil é essencialmente familiar" (Finkelhor, 1984, cit. Alberto, 2006, p. 66). Assim, a maioria dos abusadores sexuais é uma figura próxima da criança: pais ou substitutos (padrastos, por exemplo), avós (ou substitutos) ou outros elementos da família (Furniss, 1992). Destacaríamos, desde já, que a vitimação no contexto familiar assume um carácter mais complexo do que a que ocorre em espaços afectivamente mais "neutros", ou menos significativos para a criança. A importância instrumental e afectiva que a família representa em termos desenvolvimentais, a centralidade que assume como fonte (esperada) de segurança, afecto e protecção, leva a que o impacto psicossocial do mau-trato neste espaço apresente contornos significativamente mais problemáticos do que os que se verificam noutro tipo de contextos. Por esta razão, importa ter sempre presente que o impacto psicológico deste tipo de vitimação depende de um conjunto de circunstâncias entre as quais se destaca a proximidade que caracteriza a relação entre abusadores e vítimas. No caso do abuso sexual, a proximidade que frequentemente caracteriza esta relação é responsável, em larga medida, pelo forte impacto psicológico desta forma de vitimação (Finkelhor, 1984).

2.3.1. *Factores de risco ao nível da estrutura e funcionamento familiares*

A constatação da centralidade e envolvimento da família nas situações de vitimação não passou despercebida aos investigadores deste domínio, de tal forma que continua a haver um forte investimento científico na pesquisa de factores que poderão estar mais associados ou que poderão facilitar a ocorrência do abuso sexual intrafamiliar. São, por isso, apontados na literatura alguns factores de risco associados a esta forma de vitimação, entre os quais se destacam características da estrutura e funcionamento familiar (Finkelhor & Browne, 1986; Furniss, 1992; Wolfe, 1987):

a) Problemas relacionais entre o casal;
b) Vinculação insegura entre pais e filhos;
c) Limites e fronteiras pouco definidas entre o sistema paternal e o sistema conjugal;
d) Falta de proximidade afectiva com a mãe;
e) Modelo patriarcal de família;
f) Presença de uma figura substituta do pai (também do avô);
g) Reduzido ou inexistente afecto físico e emocional por parte do pai;
h) Existência de relações incestuosas entre outros membros da família;
i) Problemas conjugais (afectivos, comunicacionais, etc., sobretudo os sexuais);
j) Famílias punitivas face ao comportamento sexual ou à mera tentativa de comunicação ou diálogo sobre temas sexuais;
k) Isolamento social da família;
l) Problemas emocionais da mãe.

Naturalmente, os factores acima referidos não são causa directa do abuso, no entanto o que se verifica é que estão presentes num grande número de situações e, por isso, devem constituir um foco de atenção por parte dos investigadores e dos interventores.

2.3.2. *O secretismo do abuso sexual intrafamiliar*

O abuso sexual intrafamiliar rompe com todas as representações que a criança desenvolve acerca do papel da família, muitas delas reforçadas pelo próprio abusador que, através de rituais específicos (Furniss, 1992), incita a criança a acreditar que o abuso não compromete os outros papéis que o ofensor tem na família: ser "o pai"; "o avô; "o primo". Esta ruptura de papéis faz com que a criança interprete a situação abusiva como uma situação estranha, ambígua, para a qual não possui uma "grelha" de interpretação definida sendo, por isso, difícil nomeá-la. O facto de o abuso nem sempre envolver práticas violentas, mas sim comportamentos de sedução, acentua a ambiguidade da situação e "confunde" a criança. Uma outra característica do abuso sexual é o secretismo que envolve (Furniss, 1992). "Nas situações de abuso sexual, o silêncio é um dos maiores, se não o maior, obstáculo à intervenção" (preventiva ou remediativa) (Manita, 2003). A ocultação é, aliás, uma das principais características do abuso sexual, o que levou Furniss (1992) a referir-se à existência de um "síndroma de segredo" que se desenvolve sobretudo nos casos de abuso sexual continuado no contexto intrafamiliar. Trata-se de um conjunto de processos construídos pelo agressor que reforçam a manutenção do segredo e desenvolve-se a partir de factores externos e internos. Pela relevância que as dinâmicas de segredo assumem na vivência subjectiva da vitimação sexual e na compreensão dos mecanismos pelos quais esta forma de vitimação é tão difícil de desocultar e investigar judicialmente, referir-nos--emos (ainda que de forma muito breve) aos principais factores que alimentam e justificam o silêncio das vítimas.

Factores externos de segredo (Furniss, 1992):

a) A ausência de evidências físicas medicamente avaliáveis: embora os estudos apontem para a existência de evidências/vestígios físicos apenas numa minoria das situações de abuso (Magalhães et al., 1998), a realidade é que o facto de o abuso não deixar "marcas" físicas, manifestando-se sobretudo através do impacto psicológico, contribui para a manutenção do segredo.

b) O facto de a vítima ter feito tentativas mal sucedidas de revelação desencoraja-a de voltar a tentar, remetendo-a ao silêncio.

c) A existência de ameaças, pressões por parte do agressor sobre a criança ou sobre os seus familiares.

d) Medo das consequências da revelação, quer para si, quer para os seus familiares. Muitas vezes o abusador é alguém próximo da criança e a sua "condenação" resulta na emergência de sentimentos de ambivalência e culpabilização por parte da vítima.

Factores Internos de segredo: Dinâmicas internas e específicas da situação abusiva (Furniss, 1992):

O segredo é reforçado, não só por circunstâncias contextuais, mas também pelas próprias dinâmicas internas do abuso. Como factores internos de segredo destacam-se (Furniss, 1992; Furniss, 1992, cit. Manita, 2003):

a) A "anulação" do contexto do abuso, "a característica central da interacção sexual (...) é a tentativa, por parte da pessoa que abusa, de criar um contexto que anule a realidade externa" (Furniss, 1992, p. 32), reduzindo significativamente os *inputs* sensoriais e contextuais (o abuso, habitualmente decorre num local escondido, escuro, fechado, sem testemunhas).

b) A ruptura com o self habitual do abusador que se comporta "como se fosse outra pessoa" (Machado, 2002), através de atitudes como diferenças na expressão ocular, no tom de voz, no tipo de linguagem utilizada. Durante a situação abusiva, o abusador tenta ocultar qualquer aspecto que evoque a sua relação habitual com a criança (Furniss, 1992).

c) A "anulação" da experiência de abuso originada pela adopção de rituais de entrada e de saída da situação de abuso que criam um "corte com o quotidiano", fomentando a percepção de "quase irrealidade" da situação. Estes "rituais de iniciação e de finalização" podem envolver situações em que a criança se encontra numa actividade rotineira (como jogar, fazer os deveres, etc.) e é abordada pelo ofensor, abusada, e imediatamente a seguir este volta a entrar no registo comportamental habitual e esperado, representando novamente o seu papel normativo, dando muitas vezes continuidade à actividade que a criança estava a fazer anteriormente – objectivo é fomentar na criança a ideia de que entre o ritual de entrada (ex: uma frase, um gesto) e o ritual de saída (frase, gesto, etc.) nada aconteceu (Furniss, 1992). A adesão a estes rituais e as diferentes formas de anulação são fundamentais para a "sobrevivência" psicológica da vítima, durante o abuso, mas constituem fortes obstáculos à eliminação da situação de abuso, bem como à recuperação psico-emocional, após revelação pela criança (Manita, 2003).

O secretismo que caracteriza o abuso sexual de crianças é, como acabamos de ver, composto por uma diversidade de processos cuja complexidade impõe uma reflexão atenta por parte de todos os intervenientes nestes casos, relativamente ao esforço que a vítima tem de pôr em prática para levar a cabo uma revelação bem sucedida. A compreensão das dinâmicas de segredo é igualmente fundamental para entender os avanços e recuos que frequentemente a criança apresenta relativamente à denúncia do abuso no âmbito do processo crime.

2.3.3. *O suporte familiar*

A descoberta de uma situação de abuso sexual dentro da família é, naturalmente, geradora de alterações profundas nas vivências familiares (mesmo nos casos em que a família prefere "ignorar" a ocorrência, os esforços de ocultação acabam por alterar as dinâmicas e rotinas familiares). O abuso sexual intrafamiliar reveste-se, então, de uma outra singularidade que se prende com o tipo de apoio e suporte dado à criança vítima. Assumir que, numa situação desta natureza, a solidarização com a criança e a culpabilização/punição do agressor serão respostas universalmente partilhadas pelas famílias é uma precipitação ingénua. Acreditar na criança, acreditar que um familiar pode ser abusador é um processo muito mais complexo do que acreditar/aceitar que a criança foi abusada por um estranho – o apoio nestes últimos casos tende a ser mais imediato.

A singularidade do abuso sexual é amplamente elaborada a partir destes fenómenos aparentemente inesperados. Numa situação em que a criança é abusada por um elemento da família mais directa, que apoio pode esta criança esperar da família alargada e quem estará mais apto e disponível a dar-lhe este apoio? E se pensarmos num caso em que a criança é abusada com o conhecimento/consentimento da mãe? Estas e outras questões obrigam-nos, mais uma vez, a rever toda a especificidade do abuso intrafamiliar – a proximidade afectiva entre a vítima e o abusador, a ausência de figuras de suporte, as ameaças para a manutenção do segredo; o medo de não ser acreditado, o medo de ser castigado ou de o abusador ser castigado – e lança outra reflexão desafiante: neste contexto sócio-

-familiar, quais serão os pontos de suporte que ajudarão a criança a lidar com o processo judicial e com o impacto do envolvimento e participação no processo judicial, com todas as exigências que este implica?

Como já foi referido, a descoberta de uma situação de vitimação sexual no seio da família provoca alterações profundas e, por vezes, irreversíveis na estrutura familiar e no projecto de vida da criança, especialmente quando o caso entra no domínio da Justiça. Medidas como a retirada da criança do seio familiar, detenção do ofensor ou outras alterações "menos drásticas", mas igualmente marcantes nas dinâmicas da família, são extremamente comuns nestes casos, não se colocando para os casos de abuso extrafamiliar.

Sabe-se, por outro lado, que a forma como os adultos lidam com a situação é determinante na reorganização psicológica da criança (Machado, 2002). Por isso, o papel da família é tão central nestes casos. Contudo, a função protectora e reparadora da família, a sua disponibilidade e aceitação incondicional pode não corresponder às necessidades da criança, provocando uma acentuação da sua condição de fragilidade (Hartman & Burgess, 1989). Efectivamente, não são raras as situações em que o suporte familiar não é eficaz, gerando sentimentos de abandono, insegurança e arrependimento pela revelação por parte da criança. A forma como a criança interpreta o abuso, as representações e os nexos de causalidade que estabelece para "encontrar uma lógica" relativamente à situação, estão directamente ligados à interpretação que os adultos de referência lhe transmitem, pelo que o suporte familiar, nos casos de abuso intrafamiliar, assume uma importância elevada em termos desenvolvimentais. Estão apontadas na literatura algumas características familiares associadas à dificuldade em resolver e integrar positivamente as situações de abuso (Foley & Davis, 1983, cit. Hartman & Burgess, 1989, p. 111):

1. Número elevado de acontecimentos traumáticos anteriores ao abuso;
2. História anterior de dificuldades emocionais;
3. Disfunção familiar ao nível da família nuclear e da família alargada;
4. História anterior de vitimação sexual;
5. Aceitação, interiorização de crenças e mitos associados ao abuso sexual;

6. História familiar de problemas relacionais persistentes, falta de partilha e envolvimento emocional e de empatia para com as necessidades dos membros da família;
7. Dificuldades ao nível da integração e relacionamento social;
8. Disfunções ao nível do relacionamento sexual entre os progenitores.

Os autores concluem que, nas famílias onde estas características estão presentes será mais difícil oferecer um ambiente protector e securizante à criança, motivo pelo qual o impacto negativo da experiência de vitimação pode efectivamente ser agudizado pela falta de suporte familiar (apontado como um dos principais preditores do ajustamento emocional da criança).

Por todas as razões acima referidas o abuso sexual intrafamiliar reveste-se de uma profunda complexidade que podemos sintetizar em quatro grandes níveis:

a) Ao nível das dinâmicas que o caracterizam (como acabámos de ver).
b) Ao nível do impacto psicológico desta forma de vitimação.
c) Ao nível da adaptação às alterações familiares consequentes à vitimação.
d) Ao nível da gestão das exigências processuais que se impõem a partir do momento em que a denúncia é feita.

Referir-nos-emos, seguidamente, às principais implicações psicossociais associadas ao abuso sexual e aos factores que poderão intensificar o impacto traumático da vitimação.

2.4. Impacto do Abuso Sexual

2.4.1. *Lesões físicas*

Como já tivemos oportunidade de referir, o abuso sexual pode acontecer sem que haja recurso à violência, pode mesmo ocorrer sem que haja sequer contacto físico entre o abusador e a vítima (nos casos de exposição a pornografia, por exemplo). Quando esse contacto físico está presente pode concretizar-se através de manobras de manipulação, toque, carícias, etc., que, pelas suas características, não deixam, na maioria das situações, vestígios físicos. Embora as situações em que se verificam lesões físicas decorrentes do abuso não sejam as mais frequentes,vale a pena referir alguns dos sinais que podem ser sugestivos da ocorrência de uma situação de abuso sexual, salientando, desde já, que a avaliação destes sinais tem de ser realizada por um profissional de elevada competência e especialização (Magalhães, 2002):

- Ruborização ou inflamação dos órgãos genitais externos
- Lesões cutâneas perineais e (ou) perianais
- Lesões no pénis
- Lacerações ou fissuras genitais ou anais
- Rotura do hímen
- Hemorragia vaginal ou anal
- Laxidez anormal do esfíncter anal ou do hímen
- Infecções urinárias de repetição
- Doença sexualmente transmissível (gonorreia, sífilis, SIDA…)
- Presença de esperma no corpo ou na roupa da criança
- Presença de sangue de outra pessoa ou substâncias como lubrificantes, no corpo ou na roupa da criança
- Gravidez
- Emergência de queixas corporais novas e persistentes.

2.4.2. *Impacto Psicológico*

As consequências psicológicas e sociais podem existir mesmo na ausência de lesões, não havendo propriamente uma correspondência directa entre o dano físico e a vivência emocional do abuso. A maioria das vítimas de crimes sexuais sofre um impacto psicológico e emocional negativo (Briere, 1992). No entanto, há casos em que a vítima, não obstante ter experienciado uma situação potencialmente traumática, não manifesta sintomatologia decorrente da situação de abuso – são as chamadas vítimas assintomáticas. Noutros casos, o facto de possuir os recursos emocionais, cognitivos e familiares eficazes, bem como outras características associadas à resiliência, ajudam a criança a integrar a experiência sem que haja necessidade de apoio psicológico (Manita, 2003). Há ainda casos em que os sintomas se manifestam tardiamente – *"sleeper efect"* – nestes casos a emergência dos sintomas acontece normalmente cerca de um ano após a revelação (Saywitz et al., 2000, p. 1041). Relativamente às crianças vítimas de abuso sexual não existe, pois, um "síndroma da criança abusada", mas sim um conjunto de indicadores clínicos apresentados pela maioria das crianças abusadas sexualmente que, tendencialmente, apresentam sintomatologia mais expressiva do que as crianças não abusadas (Briere, 1992; Kendall-Tackett et al., 2001). Relativamente ao impacto psicológico, a sintomatologia frequentemente associada à vitimação sexual não é muito distinta da que se verifica noutras formas de maus-tratos (Alberto, 2006).

Entre as diversas formas de reacção ao abuso sexual, englobam-se alterações profundas ao nível emocional, caracterizadas pela emergência de angústia, medo (dirigido para situações específicas ou generalizado), raiva, bem como manifestações de instabilidade afectiva e perturbações do humor (Kendall-Tackett et al., 2001). Constituem, igualmente, manifestações do impacto psicológico da vitimação (Finkelhor & Browne, 1986; Kendall-Tackett et al., 2001):

a) Ansiedade;
b) Depressão (crises de choro imotivado);
c) Baixa auto estima;
d) Crises de pânico;
e) Ideação e ou tentativas de suicídio;
f) Isolamento social;
g) Sentimentos de desânimo e impotência;
h) Desenvolvimento de uma *sexualização traumática* (procura excessiva, insistente e inadequada de contacto físico de forma erotizada, masturbação compulsiva, insistência em tocar nos genitais dos pares ou dos adultos ou, pelo contrário, rejeição ao toque, evitamento da proximidade física);
i) Sentimentos de insegurança e desconfiança relativamente aos adultos em geral (em virtude do facto de a vítima não se ter sentido protegida pelas pessoas que supostamente deveriam garantir a sua segurança);
j) Ambivalência emocional (especialmente nos casos em que há uma proximidade afectiva entre o abusador e a vítima, como por exemplo, nos casos de abuso intrafamiliar);
k) Alterações comportamentais que podem incluir: (i) Comportamentos disruptivos; *acting out*; comportamentos desviantes repe-

A Criança na Justiça 63

tidos e/ou diversificados (ex: fugas repetidas de casa ou da escola e abuso de álcool ou drogas; mentira compulsiva; redução do rendimento escolar); (ii) comportamentos regressivos (ex: perda de controle esfincteriano, voltar a chuchar no dedo, etc.); (iii) Comportamentos de violência auto-dirigida (ex: auto-mutilação);
l) Alterações de natureza psicossomática: anorexia, bulimia, infecções, tonturas, dores musculares e abdominais, cefaleias, perturbações do sono.

Uma vez que há vítimas "assintomáticas", não se deve concluir, na ausência de sintomatologia, que estas crianças não foram abusadas.

2.4.3. *Factores de intensificação traumática*

De realçar ainda que a sintomatologia pode variar de acordo com um conjunto de variáveis contextuais e não apenas com o abuso em si. A gravidade das consequências da vitimação depende largamente do tipo de vitimação sofrido mas também de um outro conjunto de circunstâncias, entre as quais se destacam as características da história pessoal da vítima, da história relacional entre esta e o abusador, do meio de suporte formal (suporte social, médico, psicológico, económico e jurídico) e informal (apoio da família, dos amigos, etc.) (Manita, 2003). Assim, existe na actualidade algum consenso na literatura da especialidade acerca dos factores que podem acentuar o impacto traumático do abuso sexual:

a) O tipo de vitimação: o impacto traumatogénico apresenta uma correlação positiva com a severidade e duração do abuso, o grau de violência, a co-ocorrência de múltiplas formas de vitimação e a existência de múltiplos abusadores; a penetração anal ou vaginal também é referenciada em alguns estudos como um factor de intensificação do impacto traumático (Briere, 1992; Finkelhor & Browne, 1986);
b) A precocidade do início do abuso (quanto mais precoce tiver sido o seu início mais profundo tende a ser o impacto traumático, especialmente nos casos de abuso continuado intrafamiliar) (Briere, 1992; Finkelhor & Browne, 1986);
c) A relação de proximidade que a vítima tem com o agressor: a proximidade afectiva, antecedentes da relação e danos relacionais

decorrentes da revelação reforçam os sentimentos de traição e auto-culpabilização na vítima (Briere, 1992; Finkelhor & Browne, 1986);

d) Experiências anteriores de vitimação (Hartman & Burgess, 1989);
e) Tentativas de revelação mal sucedidas (Furniss, 1992);
f) Forte adesão a crenças disfuncionais ou a mitos relacionados com o abuso (e.g.: o mito de que a criança é responsável pela vitimação porque "seduziu o adulto") (Hartman & Burgess, 1989);
g) Ausência de figuras de vinculação alternativas, ausência de suporte da rede informal (Furniss, 1992);
h) Ausência de suporte das redes formais de apoio: as respostas institucionais condicionam as reacções da criança ao abuso (Finkelhor & Browne, 1986), particularmente em situações que envolvem alterações profundas no seio familiar;
i) A vitimação secundária, resultante do envolvimento da vítima no sistema de Justiça que supostamente deveria apoiá-la (Doerner & Lab, 1998).

Em síntese, o impacto traumático da vitimação está intimamente associado a uma série de factores relativos à própria situação, à conjuntura sócio-familiar, às características do funcionamento da vítima e do meio institucional envolvente.

A fenomenologia do abuso sexual de crianças é, pois, extremamente complexa, multifacetada e multideterminada. As vivências familiares, os esforços individuais que a criança promove para gerir o seu sofrimento e o da família, as exigências instrumentais e psicológicas decorrentes de uma denúncia e a vivência de uma trajectória judicial num sistema que nem sempre está preparado para a vítima, são apenas algumas das contrariedades com que a vítima tem de lidar após a revelação. Face a esta complexidade (que não se resume unicamente à experiência abusiva propriamente dita), intervir neste fenómeno é um grande desafio para os profissionais de saúde, para os psicólogos, assistentes sociais e para os profissionais da Justiça. É precisamente sobre os contornos da relação entre a criança vítima de abuso sexual – com todas as especificidades que este tipo de vitimação encerra – e a Justiça que nos propomos reflectir nos próximos capítulos.

CAPÍTULO 3

Enquadramento legal do Abuso Sexual de Crianças em Portugal – o lugar da criança vítima

3.1. Evolução Jurídica do conceito de Criança Vítima

A forma como a Justiça "trata" a criança enquanto actor do cenário judicial tem acompanhado as alterações históricas e sociais da concepção da infância. Assim, a partir do momento em que a criança deixa de ser considerada um "adulto em ponto pequeno" (Ariés, 1986) e, por isso, qualitativamente diferente, e passa a ter um estatuto e direitos específicos, assumindo um lugar central nos objectivos da protecção social e educativa, as concepções da criança enquanto participante na Justiça também se alteram (Alberto, 2006). Como já tivemos oportunidade de referir, o abuso sexual nem sempre foi problematizado da forma como é actualmente e, aliás, há uma época na história em que o grau de tolerância a este tipo de vitimação era bastante elevado. Tal não significa que toda a violência ficasse impune na sociedade do Antigo Regime. A este propósito Foucault (cit. Vigarello, 1998) refere-se à existência de um "arsenal de Terror" de que a Justiça dispunha para punir os infractores. No entanto, o ordenamento jurídico da época ainda não contemplava, de forma específica, os crimes sexuais contra as crianças.

No que se circunscreve ao domínio da Justiça, o estatuto da criança conheceu diversas configurações. Na Antiguidade, as crianças eram objecto da autoridade absoluta do pai que sobre elas detinha o poder de vida ou de morte. A possibilidade de uma entidade externa à família proteger a criança não era ponderada, porque culturalmente a criança não era considerada um ser especialmente vulnerável ou digna de uma atenção social particular. O direito romano, que constitui a base do direito europeu, deu continuidade à tradição patriarcal (Sottomayor, 2003), na qual os Estados não teriam qualquer tipo de papel na educação ou na protecção à infância porque a família era soberana em todas as decisões que aos filhos dissessem respeito. Assim, até meados do século XIX, as estratégias educativas, os hábitos e costumes de cada família, o exercício da parentalidade não eram, de forma alguma, alvo de controle pelo Estado, pelo que a ocorrência de maus-tratos perpetrados pelos familiares sobre as crianças era uma questão gerida unicamente pela família, sem que houvesse qualquer tipo de censura ou supervisão externa que, de alguma forma, protegesse a criança e punisse o agressor. Obviamente, o ordenamento jurídico da época acompanhava esta ideologia e a criança não tinha qualquer estatuto especial em termos legais. Como vimos, não estavam ainda criadas as condições sócio-culturais para que a condição jurídica da criança fosse "especial", uma vez que nem sequer o seu estatuto social estava correctamente definido.

O nascimento do conceito de "criança-vítima" e o reconhecimento jurídico deste estatuto foi possível graças à evolução macro-estrutural já referida nos capítulos anteriores, na qual se destaca um crescente sentimento de protecção à infância, a par da consciencialização das especificidades e da excepcionalidade da criança, da melhoria das condições sócio--económicas, dos avanços científicos (que permitiram, entre outras coisas, reduzir a taxa de mortalidade infantil) e da emergência do dispositivo escolar, que espelha a necessidade de atribuir à criança um espaço de socialização ajustado às suas características e diferente do dos adultos. Partindo desta "plataforma facilitadora", o Estado passa a envolver-se progressivamente na vida familiar, no exercício do poder paternal, na promoção dos direitos da criança e na instauração de deveres dos adultos para com esta.

O reconhecimento da criança como sujeito de direitos acontece lentamente, a partir do século XIX, com o advento do liberalismo e das reformas sociais em curso. Tal como já foi referido no capítulo 1, é nesta altura que surgem as primeiras Sociedades Protectoras da Infância e que se realizam importantes aquisições científicas que visam, nomeadamente, a prevenção e tratamento de doenças infantis (pressupondo a atribuição de um maior valor à vida da criança do que aquele que lhe era atribuído até então). Nesta conjuntura nasce, pois, um novo sentimento de protecção à criança, ao qual o sistema jurídico não ficou indiferente, e que pressupõe que a criança-vítima deve ser objecto de protecção pública e privada. Não será, porém, abusivo sugerir que, no que toca ao dispositivo judicial, o "acordar" para a singularidade da criança terá sido porventura mais tardio do que o que se verificou ao nível da Vitimologia ou da Psicologia. A este propósito, será importante referir que o desenvolvimento destas ciências e o contributo dos estudos sobre o impacto psicossocial da vitimação infantil ofereceram à Justiça algumas "pistas" de reflexão sobre o "tratamento" jurídico dos assuntos relacionados com a criminalidade contra as crianças e com a sua protecção.

3.2. Justiça Protectiva

Beneficiando de todos os desenvolvimentos anteriores consolidam-se, no século XX, um conjunto de aquisições científicas, sociais e jurídicas que reflectem a consciência dos direitos da criança e da sua singularidade. O reconhecimento do estatuto da criança e das suas especificidades concretiza-se na proclamação de diversos instrumentos internacionais como, por exemplo, a Declaração dos Direitos da Criança em 1924 – Declaração de Genebra – da Sociedade das Nações ou a Declaração dos Direitos da Criança, proclamada pela ONU em 1959 (Direito de Menores, 2006; Leandro, 1995), documento no qual a criança é considerada, pela primeira vez, um sujeito de Direito Internacional. Destacamos ainda a criação, em 1946, do "International Children's Emergency Found" que, em 1953, veio a ser designado UNICEF (United Nations Children's Found). Portugal, ao assinar a Convenção sobre os Direitos da Criança – 1989 – (Resolução da Assembleia da República n.º 20/90), compromete-se a assumir um conjunto de medidas relativamente às crianças. Ainda que a adesão a estes instrumentos internacionais não tenha aplicação imediata e directa na prática, reflecte um despertar político e social para a problemática da protecção à infância e, acima de tudo, assegura o dever do Estado em intervir nestas situações, mesmo contra a vontade da família, sempre que o interesse superior do menor esteja em questão.

Este documento reflecte uma forte inspiração da declaração Universal dos Direitos do Homem, nos documentos supra-citados (Declaração dos Direitos da Criança – 1924; Declaração dos Direitos da Criança – 1959), na declaração Sobre os Princípios Sociais e Jurídicos Aplicáveis à Protecção e Bem Estar das Crianças, no Conjunto de Regras Mínimas das Nações Unidas para a Administração da Justiça para Menores (Regras de Beijing) e na Declaração sobre Protecção de Mulheres e Crianças em Situação de Emergência ou de Conflito Armado. A Convenção Sobre os Direitos da Criança parte ainda do pressuposto de que a criança tem necessidade de cuidados especiais e protecção jurídica adequada. Como vimos, o reconhecimento jurídico da criança vítima tem sido um processo recente, lento, tendo sido largamente impulsionado pelos grandes instrumentos internacionais. O documento supra-referido é, talvez, o que mais destaca a centralidade que o mau-trato infantil deve merecer ao nível das prioridades de protecção da criança, fornecendo directrizes concretas relativamente à actuação dos Estados e da Justiça nas situações de vitimação infantil. Relativamente ao mau-trato infantil destacam-se, então, as seguintes disposições:

Artigo 2.°

Alínea 2. *"Os Estados Partes tomam medidas adequadas para que a criança seja efectivamente protegida contra todas as formas de discriminação ou de sanção decorrentes da situação jurídica, de actividades, opiniões expressas ou convicções de seus pais, representantes legais ou outros membros da sua família."*

Artigo 3.°

Alínea 1. *"Todas as decisões relativas a crianças, adoptadas por instituições públicas ou privadas de protecção social, por tribunais, autoridades administrativas ou órgãos legislativos, terão primacialmente em conta o interesse superior da criança".*

Artigo 9.°

Alínea 1. prevê a possibilidade de separar a criança da sua família por intervenção judicial *"Tal decisão pode mostrar-se necessária no caso de, por exemplo, os pais maltratarem ou negligenciarem a criança".*

Artigo 12.°

Concede à criança o direito a ter uma voz activa nas questões legais que lhe digam respeito, dando destaque ao papel da vítima na condução do processo judicial:

Alínea 1. *"Os Estados Partes garantem à criança com capacidade de discernimento o direito de exprimir livremente a sua opinião sobre questões que lhe respeitem, sendo devidamente tomadas em consideração as opiniões da criança, de acordo com a sua idade e maturidade".*

Alínea 2. (...) *"É assegurada à criança a oportunidade de ser ouvida nos processos judiciais e administrativos que lhe respeitem, seja directamente, seja através de representante ou de organismo adequado, segundo as modalidades previstas pelas regras de processo da legislação nacional."*

Artigo 19.°

Traduz a preocupação com todas as formas de mau-trato e prevê a intervenção judicial para a protecção da criança:

Alínea 1. *"Os Estados Partes tomam todas as medidas legislativas, administrativas, sociais e educativas adequadas à protecção da criança contra todas as formas de violência física ou mental (...) incluindo a violência sexual, enquanto se encontrar sob a guarda dos seus pais, dos representantes legais ou de qualquer outra pessoa a cuja guarda haja sido confiada."*

Alínea 2. *"Tais medidas de protecção devem incluir, consoante o caso, processos eficazes para o estabelecimento de programas sociais destinados a assegurar o apoio necessário à criança e àqueles a cuja guarda está confiada (...) compreendendo, se necessário, processos de intervenção judicial."*

Artigo 34.°

Dirige-se especificamente à protecção da criança vítima de abuso sexual.:

"Os Estados Partes comprometem-se a proteger a criança contra todas as formas de exploração e de violência sexuais. (...) Devem, nomeadamente, tomar todas as medidas adequadas (...) para impedir":

a) *"Que a criança seja incitada a dedicar-se a uma actividade sexual ilícita"*

b) *"Que a criança seja explorada para fins de prostituição ou de outras práticas sexuais ilícitas"*

c) *"Que a criança seja explorada na produção de espectáculos ou de material de natureza pornográfica"*

Curiosamente, no que diz respeito à garantia dos direitos da criança quando esta está envolvida em processos judiciais (que constitui um artigo diferente do artigo 12.°, supra-citado), as disposições da convenção contemplam (cf. artigo 40.° do documento) apenas os casos em que a criança toma contacto com a Justiça num contexto em que ela própria é suspeita, acusada ou que reconheceu ter infringido a lei penal. Assim, à excepção da "recomendação" genérica sugerida pelo artigo 12.°, alínea 1, não há qualquer referência específica ao tratamento que deve ser concedido à criança vítima pelo sistema judicial. Relativamente a este aspecto, nota-se ainda uma maior preocupação por parte do sistema judicial com a garantia da defesa dos direitos do "infractor". A criação das Regras Mínimas para a Administração da Justiça de Menores, conhecidas como "Regras de Beijing", é um exemplo claro da forma como a Justiça avança com iniciativas específicas relativamente à protecção dos direitos do "transgressor", de forma muito mais expressiva do que acontece relativamente à vítima. Este documento, adoptado pela Assembleia Nacional da Nações Unidas em 1985, constitui um instrumento de Direito Internacional dedicado à Justiça Juvenil e reflecte um conjunto de princípios orientadores da administração da Justiça em casos de delinquência juvenil. Os diversos sistemas jurídicos de protecção de menores ainda não despertaram de forma convicta para a importância de proteger e preservar os direitos e necessidades da vítima ao longo da trajectória processual, pelo que parece continuar a existir uma grande diferença de "tratamento" entre os dois estatutos jurídicos.

Este brevíssimo exercício "comparativo" não pretende de forma alguma desvirtuar a importância da assegurar todos os direitos ao menor transgressor, até porque a trajectória de transgressão está frequentemente associada a uma história de vitimação, pelo que importa reforçar, através de medidas adequadas, a integração construtiva das experiências traumáticas, independentemente da sua natureza.

3.2.1. *Evolução da Justiça de Menores em Portugal*

Em Portugal, o primeiro documento legal relativo à protecção da infância data de 1911 – Decreto-Lei de 27 de Maio ("Lei de Protecção à Infância"). Com este Decreto-Lei surgiram as "Tutorias de Infância" que se destinavam a "guardar, proteger, defender os menores em perigo moral[2], desamparados e delinquentes". Havia as tutorias centrais em Lisboa, Porto e Coimbra e as "comarcãs" no resto do país. Este documento dotou os menores de dezasseis anos de um estatuto jurídico próprio (embora, numa primeira fase, apenas para uma parte do país). Posteriormente, em 1925, o Decreto-Lei n.° 10 767 de 15 de Maio permitiu a compilação de alguma legislação sobre os menores, até aí dispersa, e estendeu o sistema iniciado em 1911 a todo o país: Os Tribunais de Infância passaram a funcionar em todo o país e é precisamente nesta data (1925) que deixou de ser aplicado a menores o Código Penal que até aí servia como "guião" para punir os menores que cometessem infracções, sem que a sua pena fosse, por isso, diferenciada da que era atribuída a um adulto. Poderemos tomar este exemplo para analisar a forma como o estatuto da criança, dentro do sistema jurídico, foi uma conquista demorada e difícil.

A designação "Tribunal de Menores" aparece em 1944. Porém, as maiores transformações legislativas aconteceriam apenas na década de 60. Em 1962, os Tribunais Tutelares de Menores passam a tutelar a protecção judiciária dos menores e a organização, competência, forma de processo e funcionamento dos Tribunais de Menores passam a orientar-se por legislação especial, atendendo às especificidades dos seus "utentes". No mesmo ano, toma-se ainda uma outra medida extremamente importante na Justiça de Menores portuguesa – a aprovação da Organização Tutelar de Menores. Este documento resulta da necessidade de constituir um "Código de Infância", isto é, reunir num texto único as normas respeitantes a crianças com comportamentos delinquentes e a crianças com outro tipo de problemas, nos quais se inserem os maus – tratos. Muito embora a reforma de 1962 acentue a vertente do Direito de Menores relativa à delinquência (cf. Santos, 1998), a partir deste momento a criança vítima passa a ter também um estatuto mais definido no sistema de protecção.

Assim, as transformações sócio-culturais, económicas e políticas que se operaram em Portugal a partir da década de 70 impulsionaram também a criação de tribunais com competência especializada em matéria de família, pelo que, em 1970, são criados os primeiros Tribunais de Família, que vão, por força das circunstâncias, interferir e regulamentar e, de certa forma, vigiar o exercício do poder paternal, o que reforça o papel do

---

[2] Corresponde, na terminologia actual, à designação crianças vítimas de maus-tratos e abandono.

Estado e da Justiça nas questões que anteriormente diziam apenas respeito à esfera familiar. Em 1978 aprova-se um novo documento da Organização Tutelar de Menores, que contém importantíssimas alterações relativamente ao documento de 1962.

Importa salientar que a evolução da organização judiciária nesta área significou uma mudança na concepção e na abordagem destas temáticas, uma vez que se passou de um sistema em que as questões relativas aos menores e à família eram tratados em estruturas diferentes (havia Tribunais de Família e Tribunais de Menores) para outro sistema em que as questões da família e dos menores são trabalhadas na mesma estrutura: os Tribunais de Família e Menores (embora a competência especializada abranja apenas uma parte do país).

Já na Década de 90, partindo da identificação do papel construtivo que a comunidade pode desempenhar na protecção de crianças em perigo, foi aprovado o Decreto-Lei n.º 187/91, de 17 de Maio, que regulou a criação, a competência e o funcionamento das Comissões de Protecção de Menores, actualmente designadas Comissões de Protecção de Crianças e Jovens. Estas entidades constituem *"instituições oficiais, não judiciárias, com autonomia funcional que visam promover os direitos da criança e do jovem e prevenir ou pôr termo a situações susceptíveis de afectar a sua segurança, saúde, formação, educação ou desenvolvimento integral"* (Secção II, subsecção I, Artigo 12.º da Lei de Protecção de Crianças e Jovens em Perigo) que visam a protecção de crianças e jovens em perigo, contando com a participação dos principais agentes da comunidade, num ideário que pretende envolver o Estado, as autarquias e a sociedade em geral na resolução de situações sinalizadas. As Comissões funcionam em modalidade alargada ou restrita, com uma composição e competência diferentes, uma vez que as competências da primeira consistem sobretudo na realização e programas e acções de promoção dos Direitos da Criança e de prevenção de situações de perigo, tendo também responsabilidades na análise dos processos em andamento na Comissão Restrita. À Comissão Restrita compete a intervenção directa nas situações em que a criança ou jovem está em perigo, procedendo, em caso de consentimento por parte dos responsáveis pela criança, à instrução dos processos dentro das competências que lhe estão conferidas pela lei.

3.2.2. *Pressupostos da Lei de Protecção de Crianças e Jovens em Perigo*

Com inspiração no chamado "Modelo de Justiça", que privilegia a defesa da sociedade, o respeito pelos direitos, liberdades e garantias dos menores e o seu reconhecimento enquanto sujeito processual, é criada, em 1999, a "Lei de Protecção de Crianças e Jovens em Perigo"[3]. O "Modelo de Protecção", que centraliza a intervenção do Estado na defesa do interesse do menor sem que o seu estatuto processual lhe seja reconhecido (cf. Direito de Menores, 2006), assentando a intervenção numa lógica mais "paternalista", começa a entrar em crise e, nos anos 80, assiste-se a um debate em torno da protecção à infância e de qual o tipo de orientação a tomar relativamente a esta problemática. Progressivamente, o "Modelo de Protecção" dá lugar ao modelo do tipo "Estado de Direito", em que o estatuto jurídico do menor é amplamente reconhecido e validado e onde a estrutura da intervenção obedece a uma lógica de subsidiariedade, isto é, a protecção da Criança e do Jovem em Perigo competem, em primeira linha, às entidades com competência em matéria de infância e juventude e às Comissões de Protecção e, em última instância, aos tribunais, quando a intervenção das Comissões de Protecção não possa ter lugar por falta de consentimento dos pais, do representante legal ou de quem tenha a guarda da criança, ou por não dispor de meios para executar a medida.

A "Lei de Protecção de Crianças e Jovens em Perigo" consagra, assim, o estatuto jurídico da "criança-vítima", dotando-a de medidas específicas que visam a sua protecção e a promoção dos seus direitos. Este diploma tem por objecto "*a promoção dos direitos e a protecção das crianças e dos jovens em perigo, por forma a garantir o seu bem-estar e desenvolvimento integral*" (Capítulo I, artigo 1.º). Na base da criação desta lei está também o reconhecimento das especificidades dos menores vítimas e a necessidade de lhes oferecer um conjunto de medidas distintas das que são vocacionadas para a abordagem ao menor que comete actos tipificados na lei penal, que passam a ser abrangidos pela "Lei Tutelar Educativa". Aliás, uma outra motivação apontada para a formação de duas leis distintas no âmbito do Direito de Menores, tem a ver com a intenção de evitar que "vítimas" e "delinquentes" sejam internados nas mesmas instituições (Direito de

---

[3] Lei 147/99, de 1 de Setembro, que entrou em vigor em Janeiro de 2001.

Menores, 2006), beneficiando do mesmo tipo de tratamento, quando se considera que as necessidades de um e outro grupo são distintas.

Relativamente ao propósito e legitimidade da intervenção, ao abrigo da Lei, "*a intervenção para a promoção dos direitos e protecção da criança e do jovem em perigo tem lugar quando os pais, o representante legal ou quem tenha a guarda de facto ponham em perigo a sua segurança, saúde, formação, educação ou desenvolvimento, ou quando esse perigo resulte de acção ou omissão de terceiros ou da própria criança ou do jovem a que aqueles não se oponham de modo adequado a removê-lo*" (artigo 3.°). Segundo o mesmo artigo, do ponto de vista legal considera-se que uma criança está em perigo quando:

a) Está abandonada ou vive entregue a si própria.

b) Sofre de maus-tratos físicos, psíquicos ou é vítima de abusos sexuais.

c) Não recebe os cuidados ou a afeição adequados à sua idade e situação pessoal.

d) É obrigada a actividades ou trabalhos excessivos ou inadequados à sua idade, dignidade e situação pessoal (...).

e) Está sujeita de forma directa ou indirecta a comportamentos que afectem gravemente a sua segurança ou o seu equilíbrio emocional.

f) Assume comportamentos ou se entrega a actividades ou consumos que afectem gravemente a sua saúde, segurança, formação, educação, ou desenvolvimento sem que os pais, o representante legal, ou quem tenha a guarda de facto se lhes oponha de modo adequado a remover a situação.

Nota-se, na elaboração destas disposições, a preocupação do legislador em contemplar todas as formas de mau-trato, incluindo de forma clara as situações em que a violência física não está presente e as situações de carência afectiva. Embora a vitimação intrafamiliar não esteja explicitada directamente, sobressai o papel interventivo do Estado (através das instâncias com competência em matéria de infância e juventude, numa primeira fase) sempre que os responsáveis pela criança não estão aptos para a proteger adequadamente.

Relativamente aos princípios orientadores da intervenção, de acordo com a lei, pretende-se que esta obedeça aos seguintes princípios:

a) Interesse superior da criança e do jovem.

b) Privacidade – a promoção e protecção dos direitos da criança deve ser efectuada no respeito pela intimidade, direito à imagem e reserva da vida privada.

c) Intervenção precoce – deve ser efectuada logo que a situação seja conhecida.

d) Intervenção mínima – deve ser exercida exclusivamente pelas entidades e instituições cuja acção seja indispensável aos objectivos propostos.

e) Proporcionalidade e actualidade – deve ser necessária e adequada à situação e só pode interferir na vida da criança e da sua família na medida do que for estritamente necessário.

f) Responsabilidade parental – a intervenção deve ser efectuada de modo que os pais assumam os seus deveres para com a criança e o jovem.

g) Prevalência da família – deve ser dada prevalência às medidas de integração na família ou que promovam a adopção.

h) Obrigatoriedade de informação – a criança e o jovem, os pais, o representante legal ou a pessoa que tenha a sua guarda de facto têm direito a ser informados dos seus direitos, dos motivos que determinaram a intervenção e da forma como esta se processa.

i) Audição obrigatória e participação – a criança e o jovem, em separado ou na companhia dos pais ou de pessoa por si escolhida, bem como os pais, representante legal ou pessoa que tenha a sua guarda de facto, têm direito a ser ouvidos e a participar nos actos e na definição das medidas.

j) Subsidiariedade – a intervenção deve ser efectuada sucessivamente pelas entidades com competência em matéria da infância e juventude, pelas comissões de protecção de crianças e jovens e, em última instância, pelos tribunais.

Os princípios orientadores da intervenção junto de crianças e jovens em perigo, no âmbito da actual lei, denotam uma grande preocupação, por um lado, com a participação da criança na instrução do processo, e por outro lado, com a minimização dos danos decorrentes da intervenção judicial, numa lógica que se poderá enquadrar na prevenção da vitimação secundária. Para além das indicações directas do tipo de medidas a privilegiar, dá-se ênfase a outra dimensão até aqui pouco valorizada: a do impacto da intervenção e das medidas que visam a protecção e promoção da criança, considerando que a forma como o processo é conduzido pode favorecer ou agravar o estado da criança ou do jovem.

Este apontamento acerca da evolução do estatuto da criança no sistema de protecção serve, sobretudo, para situarmos e contextualizarmos algumas das dificuldades que caracterizam a relação da criança com a Justiça. De facto, como acabámos de ver, esta é uma relação muito recente, ainda em busca de um equilíbrio e de pontos de encontro mais acessíveis.

Acabámos de realizar um breve percurso sobre o reconhecimento da criança enquanto vítima pelo sistema jurídico de protecção, expresso nos principais documentos internacionais e nacionais que se dirigem especificamente à garantia dos direitos da criança e à promoção do seu bem estar. O olhar jurídico destes documentos não é, porém, o único possível para retratar a condição da criança-vítima. Paralelamente ao sistema de protecção à infância, existe a perspectiva jurídico-penal que visa predominantemente a investigação e penalização do infractor. É assim que o aparelho jurídico-penal se cruza com a infância: através do delito, do actor do delito que teve uma criança como vítima. A dificuldade de perceber o estatuto da criança na encruzilhada destes dois olhares jurídicos tem a ver (como veremos no capítulo seguinte) com o facto de estes dois "caminhos da Justiça" terem direcções e metas muito diferentes, apesar de serem percorridos pelos mesmos actores.

3.3. Justiça Penal – Evolução da abordagem Jurídico-Penal do Abuso Sexual de Crianças

Relativamente ao abuso sexual de crianças, em particular, a Justiça de menores visa primordialmente proteger a vítima da situação de perigo, "partindo de um conhecimento, o mais fiel possível, das vicissitudes familiares em que ela está envolvida" (Carmo et al., 2002, p. 43). Contudo, a situação de abuso sexual pode ser objecto de intervenção judicial em duas áreas diferentes da Justiça: na Justiça Protectiva – através de uma das medidas de promoção e protecção contempladas na LPCJP ou de uma providência tutelar cível que define em termos mais definitivos a situação jurídica da criança (Carmo et al., 2002); ou na Justiça Penal – cujo objectivo fundamental é aplicar uma sanção ao agente maltratante (idem).

O sistema jurídico-penal desde cedo criminalizou a violência contra as crianças, sem conferir, no entanto, qualquer estatuto jurídico específico à criança ou aos crimes cometidos contra ela. Ou seja, os crimes contra as crianças não beneficiavam de uma moldura penal específica, quando muito, constituíam uma agravante da pena (Cunha, 2002). A representação social de que os acontecimentos familiares dizem respeito a uma esfera da intimidade, relativamente à qual a privacidade deve ser respeitada acima de tudo, permanece extremamente enraizada no direito penal – prova disto é o facto de apenas recentemente se ter considerado o crime de maus-tratos como crime público. Assim se percebe, também, a dificuldade que ainda hoje se sente quanto à intervenção judicial e psicológica junto de famílias onde a violência está presente. A "política de privacidade", profundamente enraizada na nossa sociedade, constituiu, pois, um dos grandes obstáculos ao reconhecimento do papel do Estado na promoção e na protecção dos seus cidadãos, especialmente os que se encontram numa situação de maior fragilidade.

O desenvolvimento do conceito de abuso sexual de crianças e o seu tratamento jurídico-penal está intimamente relacionado com as concepções de sexualidade e com as "regras morais" presentes em cada sociedade. A evolução jurídico-penal quanto à abordagem da sexualidade revestiu-se de grande complexidade, desde a ideia de pureza de costumes do Direito Romano, passando por uma concepção dominada pelo Direito Canónico que levou à punição de qualquer actividade sexual extra-matrimonial ou comportamento que atentasse contra o pudor, até a uma redução da criminalização, neste âmbito, por influência dos ideais iluministas que começam a despertar a ideia de que o bem jurídico a proteger deve ser a liberdade sexual em vez de ser a "moralidade" (Cunha, 2002).

Em Portugal, o primeiro ordenamento jurídico-penal codificado surge em 1852. Contudo, a concretização de um Código Penal vinha a insinuar-se desde muito antes, desde a revisão das "Ordenações Filipinas". Por outro lado, os textos constitucionais portugueses começam a reclamar um direito sintético, científico e sistemático. A reforçar esta conjuntura, o pensamento penal do Século XIX confere uma grande centralidade à questão da aplicação da lei penal com base no princípio da *última ratio*, bem como à necessidade de sistematizar, adequar e legalizar as sanções aplicadas aos diferentes crimes (que deverão ser, também, objecto de tipificação). Esta conjuntura favoreceu a concretização do documento penal que viria a constituir o primeiro Código Penal Português – o Código Penal de 1852.

A forma como a vitimação sexual de crianças foi sendo abordada ao longo dos anos conheceu diversas configurações. Relativamente à criminalidade sexual intrafamiliar, no Direito das Ordenações constituía crime "o ajuntamento ilícito de pessoas que são parentes ou afins, dentro dos graus proibidos pelas leis da Igreja" (Cunha, 2002, p. 349). Este crime incluía-se nos "crimes morais", tal como o adultério, o concubinato, a sodomia, o estupro, o bestialismo, entre outros. Curiosamente, no primeiro Código Penal Português este fenómeno passou de crime autónomo para uma agravante especial dos então considerados "crimes contra a honestidade" – pudor, estupro e violação – quando o agente fosse ascendente ou irmão da vítima. No título IV – *"Dos crimes contra as pessoas"*, a criminalidade que atinge a esfera da sexualidade encontrava-se inserida no capítulo IV – *"Dos crimes contra a honestidade"*, considerando o legislador que o bem jurídico tutelado era "a honestidade" da pessoa.

No Código Penal seguinte – 1886 – a questão do abuso intrafamiliar não sofreu grandes alterações, apenas se recomendava a aplicação da agravante penal, mesmo que os ascendentes ou irmãos fossem ilegítimos. As referências que os primeiros códigos fazem aos crimes contra menores não se diferenciam das dos adultos, excepto no que diz respeito ao direito de queixa. Já nesta altura o legislador indica que os crimes de *"atentado ao pudor, estupro voluntário ou violação não carecem de queixa se a pessoa ofendida for menor de doze anos"*. Porém, na mesma secção, refere-se no artigo 394.° que *"se a pessoa violada for menor de doze anos, será sempre aplicada a mesma pena"* (o criminoso *"será degradado para toda a vida pelo crime de violação"*), não havendo qualquer agravamento da pena pelo facto de ser uma criança. A palavra menor aparece não como um "estatuto", como uma designação específica, mas apenas para balizar as idades. Disso é exemplo o artigo 392.°: *"aquele que estuprar mulher virgem ou viúva honesta, maior de doze anos e menor de dezassete, terá a pena de degredo temporário"*. Nota-se claramente, neste artigo, que o estatuto da criança ainda estava longe de conquistar o lugar que hoje goza. Por outro lado, não podemos esquecer o contexto social da época, em que casar com 13, 14 anos era um acontecimento perfeitamente aceite e normativo.

A edição de 1962 do Código Penal de 1886 faz referência, no artigo 394.°, ao crime de *"violação de menor de doze anos"*. *"Aquele que violar menor de doze anos, será condenado a prisão maior de oito a doze anos"*. Na alínea 1 pode ler-se, ainda que de forma muito rudimentar, alguma preocupação com a protecção da vítima: *"é evidente que não é exigível cópula vaginal completa, tal exigência levaria a privar da protecção legal quem mais dela precisa, pois as menores impúberes, na sua maioria, não são passíveis de cópula completa"*.

Os excertos dos Códigos Penais acima referidos retratam a presença de uma forte componente moralista na concepção da sexualidade, de tal forma que se manteve durante mais de 100 anos a criminalidade sexual, primeiro, no âmbito dos "crimes contra a honestidade" (Código Penal Português, 1852; Código Penal Português, 1886), passando posteriormente para os crimes "atentatórios dos fundamentos ético-sociais da vida social" (Código Penal Português, 1982). Curiosamente, esta designação só veio a ser alterada na revisão de 1995, quando a criminalidade sexual passou a ter um estatuto próprio no ordenamento jurídico, enquanto bem tutelado, isto é, passou a considerar-se que o que estava posto em causa, neste tipo de infracção, era a possibilidade de a pessoa dispor livremente da sua sexualidade e não um delito contra a sua moralidade (Alves, 1995). No Direito Penal português a designação "crime sexual" é muito recente, só na revisão do Código Penal de 1995 lhe foi concedido um estatuto próprio, ocupando um capítulo autónomo enquadrado num título mais vasto que o legislador denominou "Crimes contra as pessoas".

No que diz respeito aos menores, a revisão de 1995 pode considerar-se, de alguma forma, revolucionária, em termos do tratamento jurídico do crime de abuso sexual de menores. A grande diferença da versão de 1982 para a versão de 1995 é, não só a autonomização dos crimes contra a liberdade e autodeterminação sexual num capítulo próprio mas, essencialmente, a sua consideração como "crimes contra as pessoas". Actualmente, e fruto da última alteração do Código Penal (que foi aprovada em 2007) no artigo 171.°, o "abuso sexual de crianças" enquadra-se nos "crimes contra a auto-determinação sexual", isto é, o que está em causa não é o consentimento ou a falta deste por parte da criança, o que está em causa é a incapacidade desenvolvimental da criança para se auto-determinar relativamente àquela situação em particular. Pressupõe-se que o elemento central é a diferença de poder entre a vítima e o abusador, numa situação em que a vítima se encontra em franca desvantagem. Esta secção confere uma protecção especial a crianças e jovens. Salvaguarda-se, assim, a protecção da criança, mesmo nas situações em que não haja coacção, pressupondo que a vítima não tem capacidade para compreender o significado de certas situações e, por isso, não tem ainda capacidade para se auto-determinar relativamente a estas. No actual código estão ainda contemplados, no âmbito dos "crimes contra a auto-determinação sexual", o "abuso sexual de menores dependentes" (art. 172.º), o crime de "actos sexuais com adolescentes" (art. 173.º), "recurso à prostituição de menores" (art. 174.º), "lenocínio e tráfico de menores" (art. 175.º) e "pornografia de menores" (art. 176.º). Por razões que se prendem com o objecto de estudo deste trabalho, circunscreveremos a nossa reflexão ao Abuso Sexual de Crianças a que se refere o artigo 171.º. Este artigo pressupõe que:

"**1.** Quem praticar acto sexual de relevo com ou em menor de 14 anos, ou o levar a praticá-lo consigo ou com outra pessoa, é punido com pena de prisão de um a oito anos.
2. Se o acto sexual de relevo consistir em cópula, coito anal, coito oral ou introdução vaginal ou anal de partes do corpo ou objectos, o agente é punido com pena de prisão de três a dez anos.
3. Quem:
  a) Importunar menor de 14 anos, praticando acto previsto no artigo 170.º; ou
  b) Actuar sobre menor de 14 anos por meio de conversa, escrito, espetáculo ou objecto pornográficos;
é punido com pena de prisão até três anos.
4. Quem praticar os actos descritos com intenção lucrativa é punido com pena de prisão de seis a cinco anos."

Curiosamente, a definição legal apresenta uma grande sintonia com a definição adoptada pela Psicologia (Alberto, 2006) e muitos investigadores adoptam esta definição nos estudos, o que poderá contribuir para uma maior fiabilidade nos resultados das investigações oriundas de diferentes áreas.

Considerando que a proximidade afectiva e de parentesco constitui um elemento bastante comum nos casos de abuso sexual, a singularidade da vitimação sexual intrafamiliar também é contemplada no Código Penal português, que prevê, no artigo 177.º, o agravamento de um terço, nos seus limites mínimo e máximo, das penas previstas nos artigos 163.º a 165.º e 167.º a 176.º, se a vítima:

"a) For ascendente, descendente, adoptante, adoptado, parente ou afim até ao segundo grau do agente;

b) Se encontrar numa relação familiar, de tutela ou curatela, ou de dependência hierárquica, económica ou de trabalho do agente e o crime for praticado com aproveitamento desta relação."

A crescente visibilidade social da vitimação infantil e a mediatização cada vez mais expressiva da criminalidade sexual contra as crianças, a par de uma maior consciência científica e social acerca dos efeitos da vitimação, pressionam o aparelho jurídico a efectuar sucessivas reformulações legislativas que permitam à Justiça acompanhar, de forma que se pretende eficaz, as metamorfoses dos fenómenos criminais e dos discursos sociais sobre eles construídos.

A atribuição do estatuto de crime público às situações de abuso sexual de crianças (isto é, independente da apresentação de queixa, bastando a notícia do crime para que o Ministério Público exerça a sua acção penal, independentemente de qualquer manifestação de vontade por parte do ofendido), reflecte também a constatação de que em certas circunstâncias será difícil para a vítima dar início ao processo judicial.

A evolução do estatuto da criança vítima no cenário jurídico realizou--se lentamente, acompanhando as alterações sócio-culturais e políticas, as directrizes internacionais e as conquistas realizadas no panorama do direito português. Na linguagem jurídica, o termo "Vítima" aparece mais frequentemente, substituindo os termos tradicionalmente utilizados pelo direito: "ofendido(a)"; "lesado". Paralelamente, foram surgindo no ordenamento jurídico leis especificamente dirigidas às situações de vitimação e vulnerabilidade infantil, como é o caso da Lei de Protecção de Crianças e Jovens em Perigo. Por outro lado, a Justiça Penal, muito embora tenha como finalidade primordial a punição do infractor, começa a reflectir alguma preocupação com a salvaguarda dos interesses da vítima, no que diz respeito aos crimes sexuais. Do ponto de vista legislativo, parecem estar criadas as condições para garantir a protecção da criança vítima de abuso sexual, quer ao nível dos princípios orientadores da intervenção da Justiça de Menores, quer ao nível da condução do processo penal, pelo que é fundamental que todos os profissionais envolvidos adoptem uma atitude eficaz e adequada na gestão de cada um destes casos.

CAPÍTULO 4

Perspectivas da criança sobre a Justiça e o sistema judicial

Como já tivemos oportunidade de referir nos capítulos anteriores, a perspectiva da Justiça relativamente à criança foi evoluindo, beneficiando e acompanhando, promovendo também, um conjunto de transformações macro-sociais. Da revisão da literatura que se direcciona para o estudo da relação da criança com o sistema legal, ressalta um forte investimento, especialmente nos últimos anos, no estudo das características que podem afectar o testemunho da criança, dos factores que podem maximizar o nível de informação que a criança disponibiliza sobre os factos, dos elementos que conduzem a uma optimização da colaboração da criança na investigação criminal e, embora de forma menos expressiva, das estratégias que atenuam o potencial impacto negativo decorrente do contacto com o dispositivo jurídico[4]. Todos estes estudos abordam as especificidades da criança, as suas características, as suas potencialidades e as suas limitações. No entanto, raramente incidem sobre a perspectiva da criança acerca do seu papel enquanto interveniente no cenário judicial.

Parece-nos relativamente claro que as percepções, significados e grau de compreensão/conhecimento que a criança tem do sistema de Justiça condicionam inequivocamente a sua participação no processo judicial. No entanto, e curiosamente, a investigação tem-se dedicado preferencialmente ao estudo da criança na Justiça unicamente a partir da óptica do próprio sistema judicial. Disto é exemplo a literatura acerca das competências da criança para testemunhar, das suas capacidades, dos crimes aos quais

---

[4] Focaremos alguns destes estudos no próximo capítulo, a propósito da participação da criança no processo judicial.

é mais vulnerável, dos procedimentos a adoptar para entrevistar a criança com vista à optimização da sua contribuição para o "apuramento da verdade factual", etc. Efectivamente, muito menos se tem escrito acerca do que pensa a criança sobre o tribunal, das expectativas que tem sobre a sua participação nos processos (ou da ausência desta), da condução dos processos judiciais, bem como dos significados e sentidos dos mesmos na sua trajectória pessoal, do impacto da interacção com os diferentes intervenientes do processo e dos significados atribuídos às decisões que a envolvem directamente.

A este nível parece existir, efectivamente, uma lacuna científica, que se deve, segundo alguns autores (Kourilsky, 1986; Puysegur & Corroyer, 1987), ao facto de as crianças terem pouco contacto com o sistema penal, e, por outro lado, ao facto de o sistema legal (particularmente o jurídico-penal) ser aparentemente muito distante das preocupações das crianças (Puysegur & Corroyer, 1987). Contudo, no contexto actual, qualquer uma destas justificações poderá ser rebatida, uma vez que o número de crianças envolvidas em processos de Justiça é cada vez maior (Cheneviére et al., 1997; Flin et al., 1989; Warren-Leubecker et al., 1989) e, consequentemente, pelo menos para as crianças nele envolvidas, o contexto judicial poderá assumir uma enorme centralidade (Doerner & Lab, 1998; Kelly, 2000; Kerr, 2003), constituindo uma eventual fonte de instabilidade e preocupação.

Apesar de uma sensibilização crescente para as especificidades da criança no contacto com a Justiça, a investigação parece continuar a resistir à ideia de escutar o que a criança poderá ter a dizer sobre este assunto. A escassez de estudos nesta área poderá reflectir um problema central neste domínio: a falta de poder da criança na condução da sua trajectória processual (Manai, 1988).

Se nos reportarmos especificamente ao universo das crianças que estão envolvidas em processos judiciais, independentemente da sua natureza (cível, crime, etc.), a escassez de conhecimentos científicos acerca do grau de compreensão que a criança tem do sistema judicial é ainda mais notória. Na maioria dos estudos, a amostra é composta por crianças que nunca tiveram contacto com a Justiça (Flin et al., 1989; Freshwater & Aldridge, 1994; Kourilsky, 1986; Puysegur & Corroyer, 1987; Saywitz et al., 1990) o que acentua ainda mais a lacuna de informação acerca das expectativas, significados e necessidades das crianças directamente envolvidas no contexto judicial. O elevado investimento recente no estudo das condições em que a criança deve intervir na administração da Justiça parece, pois, contrastar com a escassez de investigação sobre o que pensam as crianças do cenário judicial, que tipo de representações constroem acerca da Justiça, quais as suas expectativas, qual a natureza e o nível de conhecimentos que as crianças têm acerca deste domínio e quais os contornos da vertente experiencial e subjectiva do contacto com o dispositivo jurídico.

4.1. Contributos das abordagens do Desenvolvimento Moral

A investigação em torno da criança e a Justiça remonta aos trabalhos de Piaget (1973) e de Kohlberg (1976). Kohlberg, seguindo o modelo iniciado por Piaget, conceptualizou um modelo de desenvolvimento moral que compreende diferentes níveis (Lourenço, 2002): **a) Pré-convencional,** no qual Kohlberg situa a maioria das crianças até aos 9 anos; **b) Convencional**, nível no qual se situa a maioria dos adolescentes e adultos e **c) Pós-convencional**, alcançado apenas por uma minoria de adultos geralmente após os 20-25 anos. Cada um destes níveis engloba dois estádios qualitativamente diferentes em termos de raciocínio moral, englobando uma orientação moral (modo de distinguir, coordenar e hierarquizar valores em confronto) e determinadas operações de Justiça (reflexões, considerações relativamente a questões importantes do âmbito da Justiça – direitos, deveres, igualdade, tomada de perspectiva, etc.) distintas. O nível Pré-convencional apresenta dois Estádios: **1)** a **"moralidade do castigo"** (orientação para a obediência e para a punição, a Justiça consiste em obedecer à regra imposta, sem distinção de perspectivas, o objectivo é cumprir a norma e evitar o castigo, é neste estádio que se encontram a maioria das crianças até aos 9/10 anos); e **2)** a **"moralidade do interesse"** (assenta num raciocínio individualista que contempla apenas as perspectivas e interesses do próprio, as operações de Justiça são formuladas sempre em torno de interesses ou necessidades relativamente concretos). O nível Convencional apresenta o estádio **3)** a **"moralidade do Coração"** (traduz-se numa orientação para a moralidade interpessoal e relacional, coordenando já algumas perspectivas em confronto segundo um princípio altruísta, orientação para a aprovação social) e **4)** a **"moralidade da Lei"** (orientação para a manutenção da ordem social, coordenação de perspectivas do ponto de vista de uma terceira pessoa imparcial ou institucional, isto é, aceitar que há situações em que é necessário recorrer à opinião/perspectiva de uma pessoa imparcial, um Juiz, por exemplo). No nível Pós--convencional situam-se os estádios **5) "moralidade do relativismo da Lei"** (orientação para a relatividade das normas e para a universalidade de princípios, coordenando várias perspectivas segundo o ponto de vista moral, e formulação de operações de Justiça conduzidas por preocupações com a igualdade, reciprocidade e equidade) e **6) "moralidade da razão universal"** (raciocínio moral orientado para os princípios éticos universais).

O modelo proposto por Kohlberg, inserido numa perspectiva estrutural construtivista, tem sido duramente criticado pelos seus sucessores. As principais limitações avançadas prendem-se com o facto de se centrar demasiado na cognição moral em detrimento da acção moral (Bandura, 1991, cit. Lourenço, 2002), sendo ainda pouco esclarecedor relativamente à inconsistência entre o raciocínio moral e o comportamento moral (Mischel & Mischel, 1976, cit. Lourenço, 2002). Acresce ainda o facto de ser demasiado estruturalista e não fazer a distinção entre a moralidade e a convenção, o que leva à subestimação da competência moral das crianças. São ainda apontadas críticas quanto à excessiva valorização do domínio cognitivo comparativamente à esfera emocional e relacional.

Permanecem alheias a estas críticas determinadas conclusões dos estudos de Piaget e Kohlberg como, por exemplo, a indicação de algumas idades-charneira do desenvolvimento moral. Os estudos mostram que a maioria das crianças de 7-8 anos dirige a sua acção fundamentalmente a partir de uma moralidade heterónoma (obediência e respeito unilateral por uma norma exterior) e que a partir dessa idade a autonomia moral (tendência para substituir o medo e o castigo pelo acordo) começa progressivamente a ocupar um lugar. Estes dados são particularmente importantes para compreendermos algumas noções que as crianças desenvolvem relativamente a situações concretas ou a acções levadas a cabo pelo sistema judicial. No entanto, nenhum destes autores abordou as noções de legalidade a partir dos contextos judiciários ou do contacto da criança com as instituições judiciais.

Os estudos de Piaget e Kohlberg inspiraram outros investigadores a efectuar pesquisas neste domínio. Tapp e Levine (1977) elaboraram um modelo semelhante ao de Kohlberg mas focalizado no "desenvolvimento do raciocínio jurídico". Os resultados das investigações destes autores foram muito consonantes com o modelo teórico desenvolvido por Kohlberg relativamente aos estádios de desenvolvimento moral e ao tipo de representação que a criança tem da Justiça em cada idade. Contudo, tal como foi referido anteriormente, estes estudos têm como objectivo compreender e balizar etapas desenvolvimentais, e não conhecer a experiência da criança no seu contacto com a Justiça.

4.2. Contributos dos estudos sobre representações e conhecimentos das crianças acerca do Sistema Judicial

Apesar da investigação neste domínio ser lacunar e dispersa, determinados estudos merecem-nos uma atenção particular, pois constituem contributos relevantes para o esclarecimento de algumas questões levantadas no nosso estudo empírico e suscitam pistas de reflexão para futuras investigações. Resulta da revisão bibliográfica realizada uma primeira constatação que se prende com o facto de algumas investigações se centrarem no estudo do desenvolvimento moral (segundo o Modelo de Piaget e de Kohlberg) a partir do conhecimento da esfera da Justiça, isto é, utilizando os dispositivos da Justiça apenas como analisadores (Kourilsky, 1986; Puysegur & Corroyer, 1987;). O que se pretende primordialmente nesta corrente de investigação é aprofundar a teoria do desenvolvimento moral, utilizando para isso um exemplo concreto – o modelo de Justiça – e não aprofundar o conhecimento e a concepção que as crianças têm do sistema judicial em si mesmo (embora esta questão acabe por ser abordada). A investigação subsequente veio a revelar que a aplicação destes modelos ao estudo das perspectivas da criança relativamente ao sistema judicial não deve ser feita linearmente, pois há resultados que poderão estar relacionados com a experiência prévia da criança, com o nível de conhecimentos que revela acerca do funcionamento do sistema, com os "mitos" acerca deste e não com o nível de desenvolvimento moral (Puysegur & Corroyer, 1987).

Uma segunda constatação é a de que a maioria dos estudos realizados neste domínio segue uma metodologia quantitativa e adopta como objecto as representações sociais das crianças e/ou os conhecimentos que as crianças possuem acerca da Justiça, bem como o nível e domínio do vocabulário jurídico (Cashmore & Bussey, 1994; Chenevière et al., 1997; Flin et al., 1989; Kourilsky, 1986; Saywitz et al., 1990; Warren-Leubecker et al., 1989). Associado a este facto acresce ainda que as amostras destes estudos são constituídas por crianças sem contacto directo com o aparelho jurídico. Na revisão bibliográfica que efectuamos (admitindo obviamente a hipótese de esta não ter esgotado todo o universo de estudos e publicações) não encontramos qualquer publicação que abordasse a perspectiva da criança sobre a Justiça, em casos de abuso sexual, a partir da vertente experiencial, narrativa, fenomenológica, numa lógica qualitativa de investigação[5].

Não obstante, os poucos estudos existentes sobre o que pensam as crianças do cenário judicial, que tipo de representações constroem acerca da Justiça, quais as suas expectativas, qual a natureza e o nível de conhecimentos que as crianças têm acerca da Justiça, apresentam resultados interessantes e relevantes para a compreensão das perspectivas infantis sobre o mundo da Justiça, bem como para a adopção de estratégias que permitam que a criança seja "recebida" de forma adequada no sistema judicial.

Saywitz (1989) conduziu uma investigação nos Estados Unidos da América com uma amostra de 48 crianças com idades compreendidas entre os quatro e os catorze anos. Este estudo diferenciou várias etapas etárias relativamente à compreensão de noções jurídicas. Destacaremos alguns resultados que nos parecem mais relevantes. Entre os quatro e os sete anos, salienta-se o conhecimento dos aspectos físicos dos principais actores do contexto judicial. Como exemplos os autores indicam uma resposta tipo: *"o Juiz é aquele que tem uma peruca"*. Outro resultado interessante diz respeito à noção de suspeito, que é tendencialmente associada à ideia de culpado, ou seja, a criança não tem a noção de que a culpa é independente da suspeição e, por isso, tem a percepção que o suspeito é sempre reconhecido pelo tribunal como culpado. Os autores avançam com a hipótese de ser devido a esta falsa crença que muitas crianças evitam o contacto com os actores judiciais, especialmente com os Juízes, uma vez que estes têm sempre, na representação das crianças, um papel condenatório. Os resultados deste estudo indicam que é entre os nove e os

---

[5] Na revisão bibliográfica realizada, encontramos um estudo conduzido por Eastwood et al. (1999) que apresenta alguns pontos em comum com o trabalho que nos propomos realizar, nomeadamente o facto de recolher o discurso directo de vítimas de abuso sexual envolvidas em processos crime. No entanto, é um estudo realizado com adolescentes, não com crianças, e só inclui na amostra adolescentes do sexo feminino.

onze anos que as crianças conseguem elaborar uma compreensão mais profunda acerca do funcionamento do tribunal, bem como da variedade de profissionais envolvidos na administração da Justiça. No entanto, a noção de que as decisões judiciais são tomadas com base na natureza e qualidade das provas e não com base na convicção dos Juízes acerca do que constitui a verdade factual parece ainda não estar interiorizada nesta fase. Os dados da investigação sugerem que esta noção só é interiorizada a partir dos doze anos.

Um outro estudo conduzido também por Saywitz et al. (1990), pretendeu examinar o conhecimento que as crianças (dos cinco aos onze anos) revelam acerca da terminologia legal utilizada em tribunal, particularmente sobre os termos utilizados nos casos em que as crianças são chamadas a intervir. O objectivo é perceber qual o domínio da terminologia legal em função do desenvolvimento infantil para poder adequar a natureza e a formulação das questões colocadas à criança em tribunal ao seu nível desenvolvimental. O estudo explora também os factores que podem influenciar a compreensão dos termos legais, como por exemplo, as competências não verbais, a experiência prévia de contacto com o tribunal e a exposição frequente a programas de televisão sobre o funcionamento dos tribunais. Foram seleccionadas 35 palavras que foram apresentadas isoladamente às crianças e, num segundo momento, as mesmas palavras foram apresentadas no contexto de frases habitualmente proferidas no contexto judicial. Foi pedido às crianças que dissessem tudo o que soubessem acerca das palavras ou frases "a uma pessoa doutro planeta que nunca ouviu estas palavras". Os resultados indicam que o conhecimento que as crianças têm da terminologia legal varia em função da idade, sendo que as crianças mais novas apresentam um nível de conhecimentos mais baixo. Alguns termos são adquiridos muito precocemente (por exemplo, polícia, Juiz), no entanto, a maioria dos termos não está adquirida antes dos dez anos de idade (por exemplo: testemunha, procurador, juramento, advogado). Algumas palavras parecem ser de difícil compreensão, independentemente da idade: alegação, procurador, por exemplo.

A análise das respostas erradas sugere que as crianças mais novas apresentam um maior número de respostas do tipo "não sei", enquanto as crianças mais velhas tendem a responder ainda que não saibam a resposta correcta. Por uma questão de desejabilidade social, a criança tende a responder mesmo que não tenha a certeza da resposta, o que em certos contextos judiciais é frequentemente confundido com uma "mentira".

Alguns dos erros apresentados pelas crianças abaixo dos oito anos estão relacionados com a falta de discriminação auditiva quando as palavras são muito semelhantes. No caso do inglês, os autores verificaram que muitas crianças confundem *"Jury"* com *"Jewllery"*, ou *"parties"* com *"Parties"* (festas). Alguns destes erros poderão estar associados ao facto de as crianças mais pequenas terem dificuldade em reconhecer que um termo pode ter outro significado noutro contexto. Por outro lado, o facto de as crianças terem sido abordadas fora de uma situação legal concreta pode ter dificultado a contextualização dos termos, daí a ocorrência de respostas que remetem para situações mais familiares. Na ausência de conhecimento acerca de um termo específico, as crianças mais velhas tendem a dar respostas através de termos que consideram sinónimos mas dentro do âmbito do mundo judicial (ex: definir advogado como se fosse um Juiz). No sentido de evitar este tipo de "mal entendidos" e perceber a origem das respostas erradas das crianças, os autores sugerem que a criança seja encorajada a definir sempre os termos por palavras suas.

Um outro estudo realizado por Freshwater e Aldridge (1994) comparou um grupo de crianças que iriam ser testemunhas (e sabiam que se encontravam nessa condição), um grupo de crianças que não tinham qualquer associação ao contexto judicial e um grupo de adultos, relativamente ao conhecimento sobre o funcionamento do tribunal. Os resultados indicam que o primeiro e o segundo grupo apresentam um nível de conhecimento mais baixo que os adultos. Os dois grupos de crianças não apresentam diferenças significativas relativamente à percepção do tribunal como um contexto stressante, isto é, os dois grupos consideram que o tribunal é um lugar ansiogénico. No entanto, a natureza dos medos é diferente nos dois grupos de crianças: as potenciais testemunhas parecem mais preocupadas com o tribunal e o contexto em si, o que lhe vai ser perguntado, a sua performance, e as outras crianças (que não têm qualquer ligação ao sistema judicial) com aspectos mais gerais, como o local, o facto de ser uma situação nova, o facto de não conhecer as pessoas, etc. Os autores concluem que são necessárias mais investigações acerca dos conhecimentos e percepções que as crianças têm do sistema legal para optimizar a sua participação.

Warren-Leubecker e os seus colaboradores (1989), realizaram um estudo com uma amostra de crianças com idades compreendidas entre os três e os catorze anos. Foram colocadas questões abertas às crianças, como *"sabes o que é um tribunal?"* e progressivamente questões mais específicas, como *"já viste um tribunal na televisão?"* ou *"quem é que está no tribunal?"*. Os resultados confirmam o efeito (previsível) da idade sobre o conhecimento e compreensão do sistema legal, apontando os dez anos como idade charneira para o início de um processo de compreensão mais elaborado do sistema judicial e dos seus intervenientes. Quando questionadas acerca do que sentiriam se tivessem de ir ao tribunal, todos os grupos etários expressaram expectativas negativas relativamente a este. As crianças mais novas verbalizaram que o tribunal é um espaço "mau" para "pessoas más", enquanto as crianças mais velhas expressaram sobretudo a ideia de que o processo judicial é falível.

Os autores concluem ainda que o conhecimento que as crianças possuem sobre o sistema legal é muito reduzido e que as fontes de informação (sobretudo a escola e a televisão) nem sempre são esclarecedoras, pelo que a assumpção de que as crianças não estão suficientemente preparadas para testemunhar é, segundo os autores, uma hipótese correcta (Warren-Leubecker et al., 1989). O estudo indica que as crianças passam por uma fase em que o seu conhecimento acerca do mundo judicial é muito lacunar, evoluindo para uma fase em que o conhecimento já existe mas é composto por muitas imprecisões e por percepções desadequadas, até atingir um patamar em que a compreensão deste domínio é mais precisa.

Puysegur e Corroyer (1987) efectuaram um estudo exploratório sobre as representações do sistema penal em crianças dos 6 aos 10 anos. Os autores começam por considerar que não existe um quadro teórico específico para enquadrar este tipo de objecto e, por essa razão, suportaram a sua pesquisa na teoria das representações sociais e na teoria do desenvolvimento moral de Piaget. Os principais objectivos da investigação consistiam em pesquisar que tipo de representações sociais a criança tem sobre o sistema penal ao longo do processo desenvolvimental, procurando verificar se existem representações associadas a determinadas faixas etárias ou, pelo contrário, se as representações são transversais ao desenvolvimento.

Uma primeira reflexão feita pelos autores remete para as limitações do modelo do desenvolvimento moral de Piaget e Kohlberg para explicar as origens do conhecimento que as crianças têm acerca do sistema penal, isto é, ainda que a noção de Justiça penal exija que a criança tenha previamente adquirido o conceito geral de Justiça, esta aquisição não depende apenas do processo de desenvolvimento cognitivo e moral, mas sim de um conjunto de factores que estão relacionados com a socialização. Por outro lado, as representações sociais, como forma de conhecimento e apreensão e de categorização da realidade, assumem, segundo os autores, uma função central como fonte de informação e interpretação do mundo.

Neste estudo foi utilizado um questionário que visava, por um lado, avaliar o conhecimento dos sujeitos a partir de um conjunto de palavras e, por outro, identificar as fontes de informação e as representações sociais relativas ao funcionamento das instituições penais. Foram explorados quatro domínios: 1) noções acerca de figuras como polícia, Juiz, testemunha, tribunal, prisão, entre outras; 2) natureza das fontes de informação, isto é, foi pedido às crianças que identificassem os meios através dos quais obtiveram os conhecimentos; 3) conhecimentos acerca do funcionamento das instituições judiciárias, dos procedimentos (julgamento, pena, etc.); 4) opiniões acerca do sistema penal em particular, através de respostas a questões como: o que pensas sobre dos erros dos Juízes, da eficácia da Justiça, etc.

Os resultados sugerem a existência, desde os seis anos, de representações do Sistema Penal e de uma diversidade de opiniões e representações relativas à Justiça. No entanto, neste estudo, embora se detectem diferenças no grau de conhecimento que as crianças demonstram, não foi possível identificar patamares etários nos quais se pudessem situar determinadas representações. Ou seja, os resultados demonstram a existência desde os seis anos de representações diferenciadas mas que não são específicas de uma determinada faixa etária. No entanto, foi possível identificar cinco grupos de sujeitos, com base nas suas respostas.

O primeiro grupo – "submissão à autoridade" – é composto por crianças cujos conhecimentos são mais inexactos. A Justiça penal (centrada na figura do Juiz) tem como papel principal sancionar e punir. As crianças deste grupo têm uma perspectiva acrítica da Justiça, aprovam todas as modalidades de acção das instituições, que acreditam ser objectivas e eficazes. O segundo grupo caracteriza-se por um conformismo moderado. As crianças deste grupo apresentam bons conhecimentos acerca dos mecanismos do sistema judiciário. Acreditam na objectividade da Justiça mas no que diz respeito à sua eficácia, acreditam que depende da pessoa que gere o caso. São favoráveis à pena (como meio de sanção e não como vingança) mas, conhecem a noção de recurso, admitindo que quando uma sentença é proferida não é irreversível. O terceiro grupo distingue-se pela ênfase dada à repressão. Este grupo tem uma imagem negativa da Justiça, que considera "injusta" e parcial. São favoráveis à ideia de pena retributiva ("deve-se fazer ao culpado aquilo que ele fez à vítima") e consideram que, na maioria dos casos, a reabilitação e a reinserção dos "criminosos" não é possível. Num pólo mais liberal encontra-se o quarto grupo, composto por sujeitos cujas respostas reflectem bons conhecimentos do sistema penal, do qual têm uma imagem positiva. Para este grupo, o julgamento consiste na reunião de leis e, por isso, os erros são raros. Este grupo identifica-se com o sistema de uma forma mais fundamentada do que as crianças do primeiro grupo. Uma atitude de franca oposição caracteriza as respostas do quinto grupo identificado no estudo. É composto por crianças que apresentam bons conhecimentos do sistema penal e acreditam na independência dos Juízes, embora a representação destes profissionais seja muito marcada pela severidade. São desfavoráveis às penas e empatizam preferencialmente com a figura do réu.

Esta classificação, com todas as reservas que se lhe podem colocar, levanta questões interessantes para a compreensão da relação da criança com a Justiça penal, particularmente nos casos em que a criança está envolvida em processos crime. Certamente o impacto da intervenção legal e as expectativas que a criança cria relativamente a esta intervenção, bem como a forma como está disposta a colaborar, serão influenciadas pelas suas representações. Seria interessante realizar o mesmo estudo com crianças que tivessem já algum contacto com a Justiça penal para comparar resultados.

No que diz respeito às fontes de informação, o contributo do modelo de educação familiar parece ser central. A comunicação social é igualmente apontada como meio de divulgação de noções relativas ao sistema penal. A grande diversidade de respostas relativamente às sanções, presente em crianças da mesma idade é um dado curioso e remete para a capacidade das crianças, desde cedo, distinguirem diferentes necessidades de sanção e a necessidade da sua aplicação. A diversidade de opiniões encontrada em crianças da mesma idade remete também para outra questão que tem a ver com as experiências pessoais, ou seja, as representações que a criança desenvolve dependem muito das suas vivências individuais no contacto com as regras nos contextos onde está inserida. A questão da idade não parece ter, nestes resultados, um papel preponderante.

Em síntese, o modelo educativo, o funcionamento psicológico individual, as suas vivências quotidianas de contacto com regras, a influência dos meios de comunicação social contribuem, em conjunto, para a emergência de vários tipos de representações do sistema penal apresentadas pelas crianças, pelo que estes factores devem ser considerados na concepção da intervenção da criança no âmbito do sistema penal.

Num estudo exploratório que cruza duas correntes de investigação desenvolvidas nos anos 60 e 70 – a "Socialização Jurídica" e a "Consciência e Conhecimento do Direito" – Kourilsky (1986) procura aceder às representações e conhecimentos das crianças (com idades compreendidas entre os 10 e os 16 anos) sobre o mundo jurídico. A autora aprofunda os contributos das teorias da Socialização Jurídica e dos estudos sobre a Consciência do Direito para a compreensão do desenvolvimento de conhecimentos e representações que a criança tem do mundo judicial. Neste exercício, são enfatizados os modelos teóricos que consideram a criança um ser "activo" no seu processo de socialização, que interioriza normas e valores transmitidos pela sua cultura mas que também desenvolve o seu próprio sistema de valores e os seus modelos de comportamento. Esta concepção dinâmica e proactiva do papel da criança no seu processo de socialização aplica-se igualmente ao domínio da socialização jurídica (processo de interiorização de normas, regras, conhecimentos e práticas relativos ao sistema jurídico). Trata-se, pois, de um processo em que o sujeito cria critérios individuais de raciocínio e julgamento relativamente a situações específicas que conjugam perspectivas individuais com as normas jurídicas impostas pela sociedade em que está inserido (ex: saber que roubar um carro, para além de ser uma transgressão, é um comportameno que pode ser punido com prisão ou com outra sanção imposta por uma autoridade judicial).

As pesquisas científicas sobre o processo de socialização jurídica apoiam-se no modelo teórico de Kohlberg e também no modelo de Tapp e Levine (1977), segundo o qual a criança passa de um estado pré-convencional (no qual o cumprimento da regra e a sanção são as duas únicas perspectivas equacionadas – o cumprimento da regra efectua-se unicamente para evitar a punição) para o estádio convencional (no qual a principal preocupação é a manutenção das regras). Em termos de socialização jurídica, estes estádios traduzem duas atitudes: por um lado, a concepção de Justiça baseada na aprovação externa orientada para a conformidade, por outro, uma atitude orientada para a manutenção da ordem social, na qual o cumprimento da regra não se concretiza para evitar o castigo mas para manter a ordem social.

Para além das teorias da socialização jurídica, os conhecimentos e representações que a criança tem da lei parecem estar também enraizados no conhecimento e consciência do Direito. Este elemento constitui-se como um factor fundamental para a compreensão da lei e das normas jurídicas, ainda que esta consciência e conhecimento não tenham correspondência directa ao nível do comportamento.

Não obstante a importância dos aspectos anteriormente referidos para o nascimento de um processo de conhecimento jurídico, temos igualmente de ter em conta o factor aprendizagem. A aprendizagem é considerada um dos mais importantes mecanismos de socialização, tendo lugar nos diversos contextos de vida da criança: o espaço familiar, escolar, lúdico, e da relação com os pares, etc. Como vimos, os mecanismos anteriormente referidos vão de encontro aos que são identificados noutros estudos do mesmo âmbito.

Estas investigações orientam-se para o conhecimento e representações das crianças acerca de alguns dos elementos que a autora (Kourilsky, 1986) considera como mais visíveis no sistema jurídico: lei, direito, figuras de autoridade e instituições. Este estudo, à semelhança dos descritos anteriormente, utiliza técnicas de reconhecimento e definição de palavras (sem qualquer alusão à dimensão experiencial). Algumas das palavras utilizadas foram: lei, regra, tribunal, agente da polícia, propriedade, divórcio, punir, proibição.

Os resultados, apresentados em função da idade, sugerem que até aos 11 anos prevalecem respostas bastante estereotipadas, com recurso ao pensamento concreto. Não é raro, nesta idade, a criança dar respostas do tipo: "a lei é a lei" ou "a lei é uma coisa que é para fazer" ou ainda respostas que evidenciam a preocupação com o evitamento da punição, típicas do pensamento pré-convencional, do tipo "é preciso respeitar para não ser castigado". Relativamente à noção de regra, as respostas reportam-se à realidade da criança. Assim, a maioria das crianças associa a noção de regra à regra do jogo, à regra gramatical e às regras "obrigatórias" (mais próximas da noção jurídica). No que diz respeito à figura do Juiz, as crianças associam-no exclusivamente à Justiça Penal, destacando os elementos ligados à aplicação da sanção: "é uma pessoa que manda os ladrões para a prisão". O estereótipo da Justiça Criminal é o mais expressivo, no entanto, a figura do agente policial suscita três categorias de resposta, duas das quais, curiosamente, se afastam desta ideia: uma está ligada ao cumprimento das regras de trânsito, outra associada ao auxílio para as crianças atravessarem a rua. Só a terceira categoria de respostas associa a figura do agente policial à transgressão criminal. É de admitir que os factores culturais tenham aqui um peso relevante.

Em síntese, os resultados do estudo sugerem que as crianças até aos onze anos apresentam uma imagem estereotipada da lei – fortemente conectada à lei penal – e que esta representação parece evoluir, com a idade, para outro nível de elaboração. Alguns conhecimentos já estão adquiridos mas são objecto de escassa elaboração e diferenciação. A visibilidade social da actividade penal, associada às características desenvolvimentais da criança (que até certa idade se pautam por uma dicotomia trangressão/punição), acaba por favorecer este estereótipo. Os resultados deste estudo sugerem, ainda, que na origem das representações e conhecimentos que a criança desenvolve acerca do contexto jurídico está um conjunto de factores ligados à socialização, às aprendizagens e experiências quotidianas, bem como à interpretação que a criança faz das informações que o adulto lhe transmite.

O domínio do vocabulário e o conhecimento que as crianças apresentam relativamente ao contexto judicial é, aparentemente, o objecto de investigação que mais interesse tem suscitado aos investigadores. Esta questão é muito enfatizada nas investigações porque uma das hipóteses avançadas para explicar o facto de as crianças manifestarem algumas dificuldades em testemunhar se prende com o desconhecimento do vocabulário jurídico incluído nas perguntas e questões que lhes são colocadas (Flin et al., 1989). Flin et al. (1989) efectuaram um estudo em que procuraram aceder, não só ao conhecimento que as crianças têm dos procedimentos legais (no âmbito criminal), mas também às expectativas e sentimentos perante a hipótese de intervirem no tribunal como testemunhas. Este estudo utilizou uma amostra de noventa crianças (divididas em três grupos etários: 6, 8 e 10 anos) e quinze adultos (que não incluía profissionais ligados ao sistema legal).

Foi administrado um questionário que continha palavras como: polícia, tribunal, "ir a tribunal", "lei", "quebrar a lei", "Juiz", "criminal", "testemunha", "prova", "verdade/mentira", "advogado", etc. O questionário era composto por 4 secções. Na primeira parte procurava perceber qual o grau de familiaridade/desconhecimento que a criança tem dos termos apresentados. A criança tinha apenas de dizer se já tinha ouvido a palavra e se sabia o seu significado. Na segunda secção era suposto fazer uma breve descrição e, num terceiro momento, definir o termo por palavras suas ou partindo de exemplos concretos. A última secção consistia em seis questões orientadas para a exploração das percepções e sentimentos relativamente às características físicas e funcionais do tribunal e à hipótese de terem de ir ao tribunal (expectativas relativamente aos actores, à necessidade de dizer a verdade, etc.).

Os resultados sugerem que, embora a maioria das crianças reconheça as palavras como familiares, tal não significa que haja um conhecimento apropriado do seu significado. Uma vez mais, confirma-se o efeito da idade no conhecimento sobre o funcionamento da Justiça: as crianças do grupo dos 10 anos apresentam níveis superiores de informação relativamente aos dos dois outros grupos e o grupo dos 8 anos tem resultados superiores aos dos 6 anos. Alguns termos parecem não ser conhecidos pelas crianças de 6/7 anos (ex: prova, testemunha, advogado) enquanto outros termos parecem ser desconhecidos por todas as crianças (ex: procurador). Um resultado muito interessante diz respeito às noções de "polícia", "regra", "promessa" e "verdade/mentira". Relativamente a estes termos, os quatro grupos (crianças e adultos) não apresentam diferenças significativas, o que contraria a ideia, amplamente difundida em alguns círculos, de que as crianças mais novas têm competências muito inferiores às mais velhas e aos adultos para distinguir verdade e mentira.

No que diz respeito à quarta secção do questionário, as respostas acerca das características do tribunal focam-se muito nas características do espaço ("tem muitas cadeiras") e do aspecto físico dos intervenientes ("estão vestidos de preto"). Não se evidenciaram diferenças significativas entre os três grupos de crianças nesta questão. Relativamente ao tipo de pessoas que podem ir ao tribunal, as crianças do grupo dos 6 e dos 8 anos associam o tribunal a um espaço onde só entram "pessoas que fazem mal", o grupo dos 10 anos já tem a noção de que qualquer pessoa pode ir ao tribunal.

A hipótese de intervir num tribunal é globalmente perspectivada de forma negativa por todos os sujeitos. As crianças verbalizaram emoções como "tristeza", "nervosismo", "medo", "susto" perante o cenário judicial. A maioria das crianças referiu que estas emoções seriam ainda mais intensas se estivessem no papel de vítimas, o que sugere a necessidade de um maior cuidado na abordagem judicial das crianças que se encontram nesta condição. Apenas três crianças verbalizaram que se sentiriam bem porque o culpado iria ser castigado. As razões apontadas para sentirem medo foram: receio de não acreditarem naquilo que estavam a dizer;

receio de "irem para a cadeia" se não soubessem responder; receio de não saberem o que era preciso fazer; receio de serem deixadas sozinhas no tribunal; vergonha de falar para muita gente; receio de serem castigadas pelo suspeito.

A dimensão relacional e interpessoal do contacto com o tribunal é também um dado interessante deste estudo. A maioria das crianças mais novas acredita que, se tiver de ir a um tribunal, irá ser bem tratada. Esta ideia parece alterar-se com a idade, uma vez que as crianças mais velhas revelam dúvidas acerca desta questão, justificando que provavelmente seriam "obrigadas a falar depressa e a dizer muita coisa". 60% das crianças acredita que teria um tratamento diferente do que é dado aos adultos e avança com algumas dessas diferenças, como por exemplo, os profissionais terem de falar mais devagar, "perguntar menos coisas", "serem simpáticos porque, se não o forem, a criança pode chorar", entre outras.

No que diz respeito às noções de verdade e mentira, todas as crianças enfatizam a importância de dizer a verdade em tribunal. A grande maioria delas acredita que pode ir presa se não disser a verdade no tribunal. Este dado é interessante porque, devido a este medo, tendencialmente a criança terá menos tendência a mentir do que o adulto (Flin et al., 1989). Algumas das crianças do grupo dos 10 anos também reconhece a importância de dizer a verdade para encontrar os verdadeiros culpados ou para ajudar a polícia e o Juiz a decidir.

Os resultados do estudo corroboram os dados acerca do efeito da idade no conhecimento do vocabulário já evidenciados noutros estudos (Chenevière et al., 1997; Saywitz, 1989; Warren-Leubecker et al., 1989) e apontam os 10 anos como idade a partir da qual os conhecimentos se vão refinando. Os resultados deste estudo são integralmente corroborados num estudo semelhante realizado em 1997 por Chenevière et al., com crianças com idades compreendidas entre os 9 e os 11 anos, que acrescenta alguns dados como a centralidade da figura do Juiz (que, apesar de ser representado como a figura com mais poder, é, segundo a opinião dos sujeitos, capaz de mentir e de se "enganar") ou a crença de que os Juízes acreditam mais nos adultos do que nas crianças.

Curiosamente, as questões relacionadas com a dimensão mais experiencial não parecem ser tão sensíveis aos efeitos da idade, o que sugere que há "medos transversais" ao desenvolvimento. Os resultados sugerem ainda que a falta de conhecimento dos procedimentos poderá levar a interpretações desadequadas relativamente à participação da criança em tribunal, pelo que os autores concluem que há uma grande necessidade de preparar a criança para intervir em tribunal, transmitindo-lhe mais informação sobre o funcionamento do sistema e desmistificando algumas crenças disfuncionais. Adicionalmente, os profissionais do aparelho jurídico-penal deverão estar atentos às características do funcionamento infantil e adaptar a sua abordagem às expectativas e necessidades da criança.

Os autores são unânimes em considerar a necessidade de se aprofundar todas as questões levantadas, nomeadamente através de estudos longitudinais, de estudos que incluam populações envolvidas em processos judiciais e populações não envolvidas, bem como de pesquisas que acedam ao impacto subjectivo do envolvimento no processo. A falta de conhecimentos que as crianças possuem acerca do sistema judicial é eventualmente um foco de inquietação (Chenevière et al., 1997), uma vez que a participação da criança no cenário judicial está em constante expansão. Face aos dados anteriormente expostos, o envolvimento da criança num processo judicial afigura-se uma experiência extremamente complexa, ainda mais quando o sistema legal se encontra, na maioria dos casos, visivelmente impreparado para lidar com as especificidades do funcionamento infantil. Os contornos da participação da criança no processo judicial, enquanto vítima, os trâmites dos processos, as exigências feitas à criança e as possibilidades desta se sentir "reparada" serão abordados no próximo capítulo.

CAPÍTULO 5

Participação da criança vítima de abuso sexual no processo judicial

5.1. A Criança na Justiça: especificidades das diligências processuais e das dinâmicas psicológicas dos casos de abuso intrafamiliar

A participação da criança no processo judicial vem sendo, cada vez mais, objecto de reflexão e discussão por parte dos profissionais da área da Psicologia, da Vitimologia, da Criminologia e do Direito. A crescente visibilidade da violência contra as crianças, a par do aumento de denúncias destas situações, leva a que a criança se constitua, actualmente, como uma presença incontornável no cenário judicial. Não obstante o empenho e investimento científico na área da Vitimologia infantil e da ligação da criança à Justiça, as questões associadas à participação da criança no processo judicial continuam a ser fonte de grande controvérsia e debate. Neste capítulo, reflectiremos sobre os aspectos que, de acordo com a literatura da especialidade, mais dificuldades levantam no contacto da criança vítima de abuso intrafamiliar com a Justiça e na sua relação com os procedimentos legais: a participação directa da criança, as dificuldades de desocultação do abuso e dos procedimentos de queixa, a definição do estatuto da criança e do seu papel de vítima no processo penal e no processo de promoção e protecção, a avaliação médico-legal, a valorização do testemunho da criança, bem como a avaliação psicológica forense e as principais medidas que visam a protecção da vítima.

Na encruzilhada de diferentes perspectivas sobre este assunto, ressalta, contudo, um ponto de consenso: o facto de o envolvimento no processo judicial ser uma experiência emocionalmente exigente, potencialmente stressante (Ceci & Bruck, 1995; Chenevière et al., 1997; Davis & Smith, 2000; Doerner & Lab, 1998; Edelstein et al., 2002; Finkelhor et al.,

2005; Flin et al., 1989; Furniss, 1992; Goodman et al., 1992; Kelly, 2000; Lipovsky, 1994; Saywitz, 1989; Whitcomb, 2003) e, em alguns casos, agravar o impacto do abuso ou mesmo ter um efeito traumático mais acentuado do que a vitimação primária. A este propósito, Doerner e Lab (1998) referem que as vítimas enfrentam uma dupla vitimização, distinguindo a vitimação criminal (vitimação primária) a que chamaram *"First Insult"* e a Vitimação Secundária (resultante da participação no sistema judicial) que denominaram *"Second Insult"*. A primeira refere-se ao sofrimento causado directamente pelo ofensor, a segunda diz respeito ao sofrimento decorrente da participação da vítima no sistema judicial. Segundo estes autores, o contacto com o sistema judicial, pelas exigências que encerra e pelos esforços que a vítima tem de implementar para a prossecução da investigação, constituem fontes de stress tão intensas, ou mais, que os factos que lhe deram origem. Naturalmente, a intensidade do impacto psicológico do procedimento legal é proporcional à vulnerabilidade e fragilidade da vítima, pelo que as crianças se afiguram actores judiciais a quem deverá ser garantida uma abordagem especializada.

A participação da vítima no processo penal é um assunto nada pacífico, quer entre os interventores judiciais quer no seio das ciências sociais que se dedicam ao estudo das vítimas de crime. Almeida (1992, cit. Machado & Gonçalves, 2002, p. 19) refere a participação da vítima no processo como uma "lógica de tudo ou nada": o reconhecimento do seu estatuto está, segundo esta autora, directamente ligado ao facto de a vítima se constituir ou não como assistente. Em caso afirmativo, a sua importância é devidamente reconhecida, caso contrário, a sua participação resume--se ao papel de uma mera testemunha. Este estatuto é, de resto, o que melhor define o papel que é atribuído à criança vítima no processo penal, no qual os procedimentos visam a obtenção de provas que permitam reconstruir os factos e encontrar o culpado, ao qual deve ser atribuída uma pena em função da natureza e gravidade do ilícito.

Relativamente ao sistema de Justiça, parece que quanto mais contacto as pessoas têm com este, pior é avaliação que fazem do dispositivo (Yankevich et al., 1978, cit. Kelly, 2000), o que sugere a necessidade de uma profunda reflexão acerca das práticas judiciais e do grau de adequação entre estas e as necessidades dos cidadão envolvidos. Devido à complexidade que o envolvimento da criança vítima no processo judicial encerra, são apontadas na literatura algumas razões para regulamentar e instituir de forma clara a participação das vítimas no processo judicial. Por um lado, a satisfação da vítima relativamente ao processo é fundamental para a própria administração da Justiça, para reforçar a competência dos tribunais e a sua imagem, tendo, por isso, efeitos retroactivos no próprio sistema (Kelly, 2000). Por outro lado, o facto de a vítima participar no processo confere-lhe uma sensação de maior controlo sobre os acontecimentos, diminuindo a sensação de impotência tão frequentemente experienciada pelas vítimas de abuso sexual. Dar a oportunidade à criança para se pronunciar, para revelar a sua experiência pode, em certas circunstâncias, ser reparador e ser percebido como uma garantia dos seus direitos (Lipovsky et al., 1992). Uma outra razão para a necessidade de regulamentar a participação das vítimas prende-se com o facto de as pessoas que se encontram nesta condição valorizarem, em primeiro lugar, a forma como são abordadas pelas autoridades, como são tratadas pelas polícias, pelo tribunal, pelos advogados, deixando para segundo plano a sanção que é imposta ao agressor ou a indemnização que, eventualmente, poderão obter. O facto de alguns sectores da Justiça reconhecerem que o envolvimento da criança vítima nos procedimentos legais é fundamental para que se alcance a Justiça, reforça a ideia de que é necessário promover medidas para fomentar a participação da criança, adequando os procedimentos de forma a reduzir os efeitos negativos desta experiência (Lipovsky, 1994).

No que diz respeito às vítimas de abuso sexual, é importante que a criança tenha uma voz activa no processo e o facto de não ter o grau de experiência, as capacidades mnésicas e o domínio de vocabulário que podemos encontrar num adulto, não devem constituir obstáculos relativamente ao acesso à Justiça. É importante que os modelos de Justiça reconheçam a perspectiva da criança sobre as decisões que lhe dizem respeito (Sottomayor, 2003) e não subestimem as capacidades desta para se pronunciar sobre a delineação do seu projecto de vida (Manai, 1988).

Relativamente à condução do processo, no nosso país existem várias diligências previstas no caso do crime de abuso sexual de crianças. No entanto, o estabelecimento de prioridades em termos de actuação, o *timming* em que estas diligências são executadas e quais delas serão levadas a cabo são elementos que variam consoante as especificidades de cada processo. O grau de envolvimento da Polícia Judiciária, a intervenção de peritos ou de outros actores é igualmente muito variável, tal como o tempo em que decorrem todos estes procedimentos.

Esta variabilidade foi estudada nos Estados Unidos da América, numa investigação levada a cabo por Lipovsky et al. (1992) em que foi efectuado um estudo comparativo dos processos judiciais que envolviam crianças. O estudo comparou a condução processual em três Estados e concluiu-se que os processos judiciais são conduzidos de formas muito diferentes e que estas diferenças se verificam entre os Estados mas também entre processos oriundos do mesmo Estado. Os autores apontam como principal causa destas variações as idiossincrasias dos diferentes magistrados, bem como a sua perspectiva pessoal relativamente às características do testemunho da criança.

Na ausência de recomendações específicas, os magistrados orientam-se pelo que a jurisprudência recomenda, pelo que muitas das decisões tomadas têm como retaguarda a experiência profissional/pessoal do magistrado.

Efectivamente, os casos de abuso sexual são considerados especialmente difíceis em termos de investigação criminal e de protecção da criança. Relativamente ao funcionamento do sistema judicial, têm sido apontados vários problemas que dificultam o acesso e participação da criança vítima de abuso e que estarão na origem do fenómeno de Vitimação Secundária. A morosidade do sistema, que pode ser de tal ordem que uma criança vítima de abuso pode assistir ao desenrolar do processo judicial durante vários anos (Diesen, 2002), a desadequação dos espaços, as exigências feitas à vítima no processo crime, a natureza das medidas de protecção e a impreparação geral do dispositivo jurídico para lidar com estas situações, são alguns dos problemas da Justiça apontados como fontes de ansiedade, desconforto e stress para a criança (Chenevière et al., 1997; Cross et al., 1999; Finkelhor et al., 2005; Goodman et al., 1992; Whitcomb, 2003).

A ideia de que o sistema judicial não apresenta um funcionamento compatível com as necessidades das vítimas parece ser um ponto de acordo entre os investigadores, particularmente nos casos em que a vítima é uma criança. Alguns destes constrangimentos têm sido alvo de estudo, uma vez que têm implicações ao nível da reorganização psicológica da criança a diferentes níveis, afectando, não só a recuperação de criança no que diz respeito à integração da experiência de vitimação (abuso), avivando-a cada vez que se indica uma diligência ou que se toma (ou não) uma decisão, mas também dificultando a colaboração da criança no processo.

As especificidades processuais do abuso sexual, enquanto facto criminal, exigem da criança envolvida um esforço acrescido, comparativamente com o que lhe é pedido nas restantes formas de vitimação (Alberto,

A Criança na Justiça   105

2006; Finkelhor et al., 2005; Lipovsky et al., 1992). Estas especificidades decorrem, não só das dinâmicas do abuso em si (a questão do segredo, das consequências psico-emocionais associadas, das alterações na esfera familiar, etc.), mas também da abordagem forense destas situações que compreende um conjunto de diligências que apenas se colocam nos crimes sexuais. De entre as singularidades processuais que caracterizam as situações de abuso sexual de crianças destacam-se o tipo de perícia médico-legal (sexologia forense) que nestes casos tem lugar, a natureza e objectivos da perícia psicológica forense que visa sobretudo apurar a veracidade ou credibilidade do testemunho (segundo o n.° 3 do art. 131.° do Código do Processo Penal Português incide sobre a capacidade de testemunhar[6]), a realização de exames complementares para pesquisa de doenças sexualmente transmissíveis, o despiste de gravidez, bem como medidas de protecção que, na maioria dos casos, implicam um grande esforço de adaptação por parte da criança (a retirada da família de origem, o afastamento relativamente ao seu meio, etc.).

O facto do abuso sexual ocorrer no contexto intrafamiliar vem reforçar ainda mais esta conjuntura, já de si complexa: por um lado, o facto de o abusador ser um elemento próximo à criança constitui um factor de intensificação do impacto traumático da vitimação (Briere, 1992; Furnisss, 1992), por outro, implica a tomada de decisões que poderão alterar de forma profunda os diferentes contextos de vida da vítima. Não podemos esquecer que nas situações em que o abuso ocorre no contexto familiar o tipo de expectativas e ansiedade relativamente ao desfecho do processo pautam-se por características que dificultam ainda mais uma situação já de si extremamente exigente do ponto de vista emocional. A abordagem forense destas vítimas depara-se, então, com um conjunto de dinâmicas características do funcionamento infantil que exigem uma intervenção técnica altamente especializada. Assim, a vitimação sexual de crianças no contexto familiar reúne uma série de factores que levam à monitorização de procedimentos judiciais específicos que, associados às características do abuso, exigem à criança um elevado esforço e uma forte mobilização de recursos emocionais, sociais e cognitivos, quer para se adaptar à situação, quer para colaborar eficazmente no processo judicial.

---

[6] Chamamos a atenção para o facto de o artigo supra referido se direccionar unicamente para os casos de abuso sexual em que a vítima seja menor de 18 anos, não se colocando esta questão da capacidade de testemunhar noutras situações de vitimação.

A caracterização geral das dinâmicas do abuso sexual e das suas consequências psico-emocionais, bem como do enquadramento legal, tal como está organizado no ordenamento jurídico português, apontam para a existência de um conjunto de potenciais dificuldades no envolvimento da criança vítima no sistema de Justiça. Propomo-nos, pois, neste capítulo, analisar algumas das fontes de complexidade e dificuldade associadas à trajectória da criança vítima no processo judicial, quer na vertente Penal, quer no plano da Justiça Protectiva.

5.2. As dificuldades da revelação e da denúncia

O fenómeno da violência no contexto familiar, e do abuso sexual em particular tem assumido, ao longo da história, diferentes significados. Como vimos, algumas formas de violência, incluindo o abuso sexual, eram considerados normativos, sendo tolerados e aceites determinados comportamentos que, actualmente, são considerados crime.

Alguns destes factores culturais estão ainda hoje presentes, pelo que nem sempre as vítimas consideram atípicos os comportamentos do abusador, ou mesmo nos casos em que consideram, não encontram, contudo, capacidade para os revelar publicamente. Estas duas situações correspondem aos dois primeiros níveis de vitimação considerados por Viano (2000), os quais nos explicam porque é que os abusos se repetem por longos períodos de tempo sem que as vítimas procurem ajuda. É nestes dois níveis que se encontra a maioria das crianças vítimas de abuso, o que dificulta seriamente a detecção dos casos, a sua revelação e, ainda mais, a denúncia formal às autoridades competentes para investigar e proteger a criança (Finkelhor & Berliner, 2001). A maior parte das vítimas (excluindo as crianças que, pela sua idade, podem ainda não ter consciência do processo abusivo), encontra-se no segundo nível. Alguns dos maiores obstáculos para a desocultação da vitimação incluem factores culturais, as dinâmicas de segredo que já abordámos anteriormente, os sentimentos de medo e a incerteza quanto ao futuro. Assim, como já tivemos oportunidade de referir, a conjugação destes factores parece justificar, por um lado, a tolerância pública deste fenómeno e, por outro, a manutenção do segredo por parte das vítimas.

Relativamente à denúncia em si, a especial vulnerabilidade da vítima, o seu sentimento de isolamento e de insegurança, o desconhecimento e

A Criança na Justiça
107

impossibilidade de aceder autonomamente aos dispositivos judiciais e/ou aos diversos sistemas de apoio actualmente disponíveis[7], a natureza da relação com o ofensor e o medo das consequências da denúncia que resultarão, necessariamente, em perdas que a vítima se sente incapaz de controlar, constituem alguns dos obstáculos à desocultação pública da vitimação. Todas estas dinâmicas da vitimação, para além das que já referimos anteriormente, constituem grandes obstáculos no percurso de desocultação do abuso, e, consequentemente, na abertura e condução do processo judicial.

As perdas imaginadas ou reais, a ansiedade que antecede a denúncia, as complicações que se antecipam, o medo de que as ameaças se concretizem após a revelação e a incerteza do desfecho da história, são apenas algumas das fontes de angústia e ansiedade que caracterizam o estado psicológico da criança. O facto de o abuso ser intrafamiliar reforça todos estes medos. Basta pensarmos no tipo de perdas que a criança imagina poder sofrer caso revele o abuso. A questão da denúncia formal do abuso é extremamente complexa do ponto de vista das dinâmicas familiares (Cross et al., 1999; Finkelhor & Berliner, 2001; 2005; Furniss, 1992), uma vez que, a partir do momento em que o abuso se torna um facto conhecido pela família, a decisão de iniciar um procedimento legal que envolve um familiar como "arguido" é muito difícil de concretizar. Não é só a criança que equaciona as perdas, as vantagens e desvantagens de revelar a situação, a família tem de considerar como é que vai reagir perante o ofensor e como é que poderá proteger a criança (Cross et al., 1999).

Na conjugação de todos estes vectores, dar início a um processo judicial que de certo envolverá muitos custos (emocionais, económicos, relacionais, etc.), é uma hipótese afastada por muitas famílias, que optam por ocultar o abuso, remetendo a criança para um profundo e, muitas vezes, desestruturante silêncio. Atendendo a todas estas dificuldades inerentes

---

[7] Note-se que na maioria das situações em que a criança se encontra em dificuldade recorre à ajuda de um adulto, normalmente um familiar. Muito raramente a criança se dirige a uma autoridade judicial para fazer uma denúncia. Nos casos de abuso intrafamiliar isto é ainda mais visível (Finkelhor & Berliner, 2001), uma vez que o grau de secretismo assume contornos mais intensos do ponto de vista emocional, dado o impacto que a quebra do segredo pode ter em termos das estruturas familiares. Ora, nos casos de abuso intrafamiliar, quanto mais próxima é a relação com o ofensor mais coarctada fica a hipótese da criança obter apoio em casa, reforçando a sensação de isolamento.

à denúncia formal do abuso, a abordagem do primeiro profissional que recebe a denúncia deve pautar-se por um nível de profissionalismo muito elevado e por uma atitude de acolhimento caloroso.

5.3. Intervenção Legal junto de crianças vítimas: entre a Justiça Penal e o Sistema de Protecção

A partir do momento em que é revelado o abuso sexual e se coloca a hipótese de denunciar o caso às autoridades, a criança vítima "entra" no mundo da Justiça através de duas vias: a da Justiça Criminal, que tem como principal objectivo a investigação dos factos com vista à descoberta do ofensor e à penalização do mesmo; e a da Justiça Protectiva, que tem como objectivo assegurar a protecção dos direitos da criança e a promoção do seu bem-estar. Uma das grandes problemáticas que se coloca à criança vítima quando se inicia o processo judicial tem a ver com o facto de o sistema de Justiça dirigido às vítimas ainda não estar devidamente conceptualizado, organizado e implementado (Finkelhor et al., 2005). Esta situação deve-se, em parte, ao facto de a necessidade de equacionar e implementar estratégias especificamente vocacionadas para as vítimas ainda não ser suficientemente reconhecida. Assim, ao entrar no contexto judicial, a criança vítima encontra um dispositivo relativamente fragmentado e descoordenado. O tipo de abordagem legal que é oferecido à criança não traduz uma organização funcional estruturada, como a que se verifica nos modelos de Justiça dirigidos aos ofensores (idem). No caso destes, os trâmites processuais, o tipo de medidas a tomar e a garantia da protecção dos direitos do indivíduo encontram-se definidas de forma mais clara e mais organizada.

Na ausência de uma plataforma judicial sólida e única, especificamente concebida para regulamentar a intervenção legal junto de crianças vítimas, as crianças que se encontram nesta situação vão beneficiando do apoio de um conjunto de estruturas situadas "fora do sistema judicial" e que não foram criadas inicialmente com o propósito de intervir junto desta população (Finkelhor et al., 2005; Whitcomb, 2003). No nosso país, à excepção das Comissões de Protecção de Crianças e Jovens, o sistema de Justiça Protectiva não contempla estruturas especificamente dirigidas para crianças vítimas. Os tribunais que se dedicam à área dos menores e da família não são de competência exclusiva para as situações de vitimação, abrangendo todas as problemáticas que dizem respeito aos menores e à família (situações de divórcio, regulação das responsabilidades parentais, inquéritos tutelares educativos, etc.). Escusado será pensar que, neste contexto, as vítimas de abuso sexual usufruem de qualquer estrutura específica de suporte, aconselhamento ou acolhimento judicial. As respostas institucionais são de origem diversa e contam com um tipo de funcionamento num registo de "parceria" ou colaboração protocolarmente definida. Situam-se, neste modelo de Justiça, as repostas de apoio oferecidas pelas ONG's, pelas estruturas da Segurança Social ou do Sistema de Saúde.

Uma das grandes desvantagens desta "imaturidade" na organização do sistema legal é, pois, a dificuldade em regulamentar e uniformizar práticas e procedimentos, uma vez que as diversas plataformas se regem por regulamentos internos, o que provoca elevados níveis de variabilidade na condução dos processos e nas decisões propostas. Paralelamente à desfragmentação do sistema de protecção, constata-se ainda a existência de uma outra fonte de complexidade que tem a ver com o facto de os casos de vitimação de crianças envolverem dois tipos de processos judiciais: o processo crime e o processo de promoção e protecção. A comunicação entre estes dois sistemas não é a situação mais habitual (Finkelhor et al., 2005) e, quando procuram articular-se, este contacto raramente resulta numa tomada de decisão concertada e duradoura, tendo em conta a especificidade do caso.

Efectivamente, a diversidade de propósitos que orienta os dois tipos de abordagem legal poderá suscitar um "conflito de interesses" que coloca, de um lado, a necessidade de proteger a criança e garantir a sua estabilidade psicossocial e, do outro, a necessidade de investigar o delito, sinalizar um suspeito e sancioná-lo. Encontrar um equilíbrio entre as duas posições é, sem dúvida, uma tarefa difícil, especialmente nos casos de abuso intrafamiliar. Nestas situações, encontrar o suspeito poderá significar, a partir da perspectiva da criança, assistir à condenação de alguém que lhe é muito próximo, ter de "acusar" um familiar ou ter de ser protegida deste através de uma medida em que é a própria criança que se vê afastada do meio familiar. Deste modo, a articulação e a conjugação de esforços entre o sistema de protecção e o sistema penal deveria ser assegurada, pois é a única via para garantir uma adequada administração da Justiça (Finkelhor et al., 2005; Whitcomb, 2003).

Parece-nos importante referir que, independentemente da natureza do processo, o dispositivo judicial parece apresentar sérias dificuldades em lidar com situações que envolvam crianças, particularmente nas situações de abuso sexual, consideradas uma das formas de vitimação mais difícil de investigar e de abordar judicialmente (Carmo et al., 2002; Diesen, 2002; Lipovsky, 1994; Santos, 1998; Van Gijseghem, 1992).

5.3.1. *A perícia médico-legal*

No âmbito do processo crime, a produção de provas é um procedimento fundamental para a prossecução da investigação e para a dedução de uma acusação contra o(s) suspeito(s). A prova pericial de natureza médico-legal tem, nas situações de vitimação sexual, um papel probatório muito importante, tendo como objectivo o "esclarecimento da Justiça no que se refere às questões bio-psico-sociais, através da descrição e interpretação de eventuais lesões e as suas sequelas e da selecção, colheita, preservação e análise de vestígios" (Magalhães & Vieira, 2003, p. 7). O exame pericial tem como objectivo "a obtenção de uma prova científica através de evidências físicas e biológicas, às quais é conferida particular relevância." (idem). Os resultados do exame são posteriormente sujeitos a uma interpretação, a um juízo científico que irá constituir a "perícia" (Costa, 2000). A realização do exame de sexologia forense "é inspirada por critérios de estrita aquisição de prova e de necessidade para a investigação, devendo consequentemente ser ordenada quando necessária (mas também sempre que necessária) para assegurar os fins e os interesses que subjazem ao processo penal" (Costa, 2000, p. 119).

O exame de sexologia forense compreende duas fases: a recolha de informação, através da entrevista à vítima e eventualmente à pessoa que a acompanha ou à "pessoa de confiança" (Furniss, 1992) e o exame físico propriamente dito. O primeiro momento é crucial em termos de recolha de dados, uma vez que, na ausência de vestígios físicos, o relato da vítima é uma das poucas formas de reconstituir os factos. A recolha de informação é igualmente uma situação extremamente delicada, pois é necessária uma grande preparação por parte do perito para que a criança possa expressar-se livremente sem se sentir constrangida ou "julgada". Uma parte da entrevista à vítima deve ser dedicada à preparação para os passos que se seguem, isto é, adoptando um registo discursivo adequado à idade e características da criança, o perito deverá explicar-lhe os objectivos do exame e como é que esta pode colaborar. A atitude do perito é determinante na forma como a criança vai perceber, colaborar e integrar a experiência do exame (Gully et al., 1999). O impacto desta situação e a avaliação subjectiva que a criança faz desta vivência parecem ser mediados, não pelo tipo de abuso ou pela sua gravidade, mas sim pela forma como o perito aborda a criança e como conduz o exame (Dansereau et al., 2001). Por isso, é fundamental que se adopte uma postura calma e tranquila, empática e de respeito pelo estado da vítima e pelas suas características (Magalhães & Ribeiro, 2007).

O exame físico propriamente dito engloba um conjunto de procedimentos que implica um elevado grau de exposição por parte da vítima, uma vez que todo o corpo deve ser observado (os cabelos, toda a superfície cutânea, as cavidades oral, anal e vaginal) para que se possam pesquisar de forma exaustiva os eventuais vestígios (Magalhães & Vieira, 2003). As situações de abuso sexual têm ainda como particularidade (e como agravante) a possibilidade de a vítima ter contraído alguma doença sexualmente transmissível e/ou ter engravidado, por isso, para além do exame físico, poderão ser necessários exames laboratoriais e algumas crianças terão ainda de lidar com situações de doença física resultante do abuso.

A escassez de estudos sobre o impacto da intervenção médico-legal em crianças vítimas de abuso não permite concluir, de forma sólida, acerca dos efeitos psicológicos destes procedimentos. Curiosamente, a maioria dos estudos tem como objectivo avaliar a capacidade mnésica da criança para reter e evocar posteriormente a experiência (Saywitz et al., 1990) e não avaliar o significado e o impacto da própria experiência. As investigações que se dedicam ao estudo do impacto psicológico das intervenções médicas sugerem que certo tipo de tratamento ou procedimento médico, pelo seu grau de intrusividade, pelo estado de fragilidade em que a criança se encontra e pela sensação de desconforto ou dor que provocam, podem ser experienciados de forma traumática (Gully et al., 1999). Não obstante, os efeitos negativos desencadeados por este tipo de intervenção podem ser evitados ou atenuados se a criança for preparada para o que vai acontecer, se tiver suporte familiar, ou de outro adulto significativo, ou se os profissionais envolvidos adoptarem uma abordagem adequada, transmitindo segurança, conforto e compreensão pelas dificuldades do examinado (idem).

No caso do abuso sexual, durante muito tempo apenas se consideraram como relevantes as provas físicas ou biológicas de agressão sexual.

Este facto estaria de acordo com o tipo de abordagem penal que então era atribuída a certas condutas, e que valorizava sobretudo as situações em que do contacto entre o abusador e a vítima resultasse esse tipo de evidências (Magalhães, 2002). No entanto, sabe-se hoje que a maioria das situações de abuso se caracteriza por outro tipo de práticas: beijos, carícias, toque nos genitais, etc. (idem). Por outro lado, sabemos que mesmo naquelas práticas em que há contacto físico, pode não ser possível encontrar vestígios físicos ou biológicos, o que acontece, aliás, numa elevada percentagem de casos (Magalhães et al., 1998). Isto resulta, muitas vezes, do longo tempo decorrido entre a agressão e o exame médico-legal, da cicatrização rápida das lesões ano-genitais, da elasticidade de certos tecidos, sobretudo a partir da puberdade, ou da destruição intencional dos vestígios biológicos. Nestes casos, o diagnóstico da situação tem de passar por um procedimento minucioso de recolha de informação, através da entrevista à vítima e da sua avaliação psicológica.

Pela complexidade que encerra, este tipo de exame deve ser efectuado por peritos experientes e competentes do ponto de vista relacional (Magalhães & Vieira, 2003). Desde que foi introduzida por Kempe (1962) a noção de "síndrome da criança batida" e o abuso de crianças foi identificado como um diagnóstico médico, a literatura médica vocacionada para este assunto aumentou substancialmente. No entanto, apesar da evolução permanente dos conhecimentos, a formação dos médicos e a sua sensibilidade e envolvimento nestes casos é muito limitada (Starlin & Boos, 2003). À excepção dos profissionais que trabalham em estruturas especializadas (como é o caso dos peritos médico-legais), a maioria dos médicos e enfermeiros do serviço de saúde demonstram um grande desconhecimento acerca das dinâmicas da vitimação infantil e muitas reservas nas denúncias destas situações (idem), o que contribui largamente para a perpetuação da vitimação familiar (Doerner & Lab, 1998). Por outro lado, este desconhecimento da fenomenologia da vitimação e dos trâmites processuais tem como consequência imediata uma dificuldade acrescida na abordagem da criança vítima e da sua família o que, em última análise, pode resultar num processo de desvalorização dos vestígios ou, pelo contrário, de hiper-valorização de alguns sinais.

A dimensão relacional no contexto da perícia médico-legal, bem como a competência do profissional que a conduz, parecem ser, pois, aspectos centrais, quer para garantir o êxito da tarefa, quer para evitar um processo de vitimação secundária.

5.3.2. *A prova testemunhal: importância, controvérsias e potencialidades da "voz" da criança*

Independentemente da natureza processual "no quadro de um processo judicial, a criança vítima não tem escolha possível: se ela quer convencer a Justiça, tem de acusar o agressor, tantas vezes o seu próprio pai (…) a primeira dificuldade que ela vai sentir é colocar em palavras aquilo que viveu" (Carmo et al., 2002, p. 78). Efectivamente, uma das maiores dificuldades que se colocam nas situações de vitimação sexual infantil é a produção de prova testemunhal. A importância do testemunho da criança enquanto meio probatório é uma área extremamente sensível e controversa e que ocupa um lugar central na investigação do abuso sexual. O facto de na maioria dos casos não haver evidências do abuso reveladas pelo exame físico e a inexistência de um "síndrome" da criança abusada ou de um "perfil psicológico" da criança abusada (Kendall-Tackett et al., 2001) faz com que o relato da criança e o seu testemunho sejam a principal forma de reconstituir o acontecimento e, consequentemente, um dos únicos meios de prova (London et al., 2005). Do ponto de vista da Justiça portuguesa, o testemunho da criança é uma questão de tal modo central nos casos de abuso sexual que este é o único crime relativamente ao qual está prevista a ordenação de perícia à personalidade da vítima, nos casos em que esta seja menor de 18 anos.

Ao longo deste trabalho tivemos oportunidade de chamar a atenção para alguns elementos que tornam o abuso sexual intrafamiliar uma problemática repleta de singularidades processuais e psicológicas. Neste contexto, a palavra da criança, a desocultação do segredo e o impacto do seu relato nos seus "espectadores" (familiares e profissionais) é a área que mais problemas coloca à criança na sua participação no processo legal. É também o aspecto que tem vindo a ser mais estudado em termos de vitimação secundária. Ainda que a natureza do impacto psicológico resultante do envolvimento de crianças vítimas de abuso sexual intrafamiliar no processo judicial não seja um objecto de eleição da investigação no âmbito da Vitimologia ou da Psicologia Forense, surgiram nos últimos anos alguns estudos que destacam os efeitos psicológicos negativos desta vivência. Naturalmente, esta é uma área cuja reflexão exaustiva transcende o espaço e objectivos deste trabalho. Assim, destacaremos apenas alguns aspectos que nos merecem alguma discussão por estarem mais directamente implicados na relação da criança com a Justiça.

Chamamos a atenção para o facto de as crianças serem consideradas juridicamente testemunhas vulneráveis sendo, no entanto, na maioria dos casos, as únicas testemunhas de um crime público que ocorre numa esfera extremamente privada. Assim, a colheita de informação e a valorização da mesma são elementos fundamentais para a investigação criminal, razão pela qual a perícia psicológica é tão solicitada nestas situações. O papel da criança como testemunha nos processos criminais e a adequação dos procedimentos legais para recolher e testar a informação proveniente do seu depoimento têm sido tema de intenso debate público e profissional (Flin et al., 1989). Frequentemente, o sistema jurídico classifica as crianças como testemunhas "incompetentes" (Saywitz et al., 1990) ou pouco credíveis devido ao facto de o seu relato factual parecer contraditório, inconsistente ou confuso. Numa investigação acerca da perspectiva que os juristas têm do testemunho das crianças, concluiu-se que o principal problema destacado é a dificuldade em perceber o conteúdo do discurso da criança e, consequentemente, valorizá-lo em termos probatórios. Estes resultados são muito interessantes porque, ao contrário do que é habitual, remetem a origem do problema para a falta de competências dos profissionais para descodificarem e interpretarem a informação dada pela criança, em vez de centralizarem as dificuldades na falta de competências da criança (Cashmore & Bussey, 1996; Melton 1991).

O estudo acima referenciado, embora muito pertinente, é dos poucos que analisa o problema na óptica das dificuldades dos adultos. A investigação sobre este assunto é extensa, mas tem vindo a debruçar-se fundamentalmente sobre as variáveis relacionadas com as características do testemunho da criança, os principais factores que o condicionam, os factores que minimizam essas condicionantes, etc. Os estudos incidem preferencialmente nas capacidades mnésicas, na sugestionabilidade, na capacidade de discernimento, na veracidade, na credibilidade dos testemunhos da criança e nos obstáculos ou potenciais dificuldades na interpretação do seu testemunho (Bull, 2002; Ceci & Bruck, 1995; Goodman et al., 1992; Van Gijseghem, 1992; Whitcomb, 2003).

É neste contexto de "inquietude" relativamente às capacidades de testemunhar da criança e à "fidedignidade" do conteúdo do seu discurso que surgem múltiplos protocolos que visam a adopção de procedimentos que testem de forma segura as competências da criança e, por outro lado, sejam eficazes no despiste de relatos falsos. De facto, a questão central no debate sobre o testemunho da criança é a sua capacidade (ou a ausência desta) para distinguir verdade e mentira (Haugaard, 2000), pois presume--se que esta capacidade é fundamental para apurar a verdade dos factos. Não seria exagerado sugerir que esta é uma falsa questão uma vez que, embora a capacidade de discernimento esteja presente na maioria dos adultos, mesmo assim, são diariamente proferidas mentiras nos tribunais do mundo inteiro. De resto, algumas investigações demonstram que as crianças não têm tendência a mentir (a situação em que a mentira é mais frequente nas crianças tem a ver com o evitamento do castigo e não com uma atitude de mentira deliberada) e, mais do que isso, não têm tendência a mentir mais do que os adultos (Melton e Pagliocca, 1992). Contudo, este é um ponto incontornável e gerador de grandes dúvidas por parte do sistema judicial, e não só, uma vez que, muito frequentemente, a própria família duvida da criança, o que dificulta imenso a revelação, como já tivemos oportunidade de referir.

É precisamente por ser um assunto tão delicado e tão específico que frequentemente o sistema de Justiça solicita a prova pericial sobre a capacidade de testemunhar das crianças vítimas. De resto, como já tivemos oportunidade de referir no primeiro capítulo deste trabalho, a perícia psicológica constitui-se como um instrumento privilegiado de interface entre a Psicologia e o Direito (Manita, 2001). A este propósito vale a pena salientar que a perícia psicológica, tradicionalmente vocacionada para a avaliação dos ofensores, amplia progressivamente o seu contributo ao passar a contemplar também a figura da vítima. Ainda assim, e embora a criança vítima venha a ser cada vez mais objecto de avaliação psicológica com vista à definição do seu projecto de vida (no âmbito da Justiça Protectiva), a verdade é que é sobretudo avaliada com vista à obtenção de provas que permitam avançar para uma acusação do arguido. Neste último cenário, a criança não é "a vítima" é "a testemunha" (Finkelhor et al., 2005; Kelly, 2000; Melton et al., 1992;). Assim, a avaliação psicológica não tem, na esmagadora maioria dos casos, o objectivo de perceber a perspectiva da criança, aceder ao significado da sua experiência ou ao impacto sofrido, mas sim avaliar as capacidades da criança para testemunhar acerca de uma situação específica e para ajudar a apurar factos.

A partir da revisão teórica por nós efectuada, concluiu-se que os estudos sobre a avaliação psicológica das crianças vítimas de abuso sexual têm como objectivo central as metodologias de avaliação, os elementos a avaliar e a validade dos resultados. A dimensão experiencial da própria avaliação, o seu significado e impacto na vítima não são tradicionalmente objecto de interesse, muito embora em muitos estudos, e nos próprios protocolos, seja destacada a importância da vertente relacional e dos cuidados que o perito deve ter em termos de atitude perante a vítima (Lamb et al., 2003; Magalhães & Ribeiro, 2007; Orbach et al., 2000; Van Gijseghem, 1992). Resumidamente, na maioria dos casos a criança é conduzida à avaliação psicológica, não para avaliar o impacto psicológico da vitimação, mas a "veracidade" da sua narrativa relativa ao delito que se pretende investigar. O papel da Psicologia Forense, neste âmbito, tem sido bastante expressivo, podendo a avaliação psicológica ser considerada uma das áreas de excelência desta área científica. Alguns dos protocolos mais divulgados e mais utilizados inspiram-se, pois, numa abordagem cognitiva baseada na análise do conteúdo do discurso da criança e na "cotação" das suas respostas em função de critérios de veracidade pré-definidos (Yuille, 1992). Estes protocolos valorizam, sobretudo, a vertente cognitiva do relato (os pormenores, a evocação de detalhes, etc.), dentro da qual a dimensão mnésica assume alguma centralidade. Numa perspectiva mais "clínica" da avaliação, o protocolo sugerido por Lamb (2003) é um dos que, para além das dimensões cognitivas, valoriza também a vertente emocional, as dinâmicas psicológicas associadas ao abuso e a sua relação com a recordação dos factos. As áreas transversais à maioria dos protocolos incluem o domínio do desenvolvimento cognitivo, linguístico e narrativo, mnésico, sócio-moral, emocional e afectivo, relacional, os indicadores de trauma psicológico e outros indicadores clínicos relevantes, assim como a esfera comportamental. Alguns protocolos valorizam ainda a esfera do apoio familiar e do risco de revitimização (Machado, 2005; Manita, 2003). Embora a questão dos protocolos de avaliação seja muito interessante e pertinente, dadas as características e objectivos do presente trabalho não desenvolveremos de forma exaustiva este assunto.

Independentemente do tipo de protocolo, há aspectos que são consensualmente considerados como importantes, uma vez que parecem ser os que mais influenciam a capacidade e a qualidade do testemunho da criança. Assim, dadas as características singulares em que as crianças vítimas de abuso intrafamiliar se encontram, é importante ter em consideração vários aspectos entre os quais destacamos: a forma como é conduzida a entrevista, o *setting* em que esta deve ocorrer, e o número de vezes que a criança é entrevistada. Assim, considera-se que a criança deve ser questionada o mínimo de vezes possível, de preferência por uma única pessoa ou no caso de ter de ser abordada mais do que uma vez sê-lo sempre pelos mesmos profissionais, deve ser adoptada uma abordagem adequada à idade da criança e às suas características, colocar as questões de forma aberta, numa linguagem acessível à criança e certificando-se que esta percebeu a questão, compreender e aceitar as possíveis resistências, contextualizar a importância do seu testemunho, atender à tonalidade emocional da vítima, adoptar estratégias lúdicas e facilitadoras da revelação, valorizar e reforçar o seu esforço, entre muitas outras recomendações (Bourg et al., 1999; Bruck et al., 2002; Furniss, 1992; Goodman et al., 2002; King et al., 1998; Manita, 2003; Orbach et al., 2000; Saywitz, 1990; Van Gijseghem, 1992; Yuille, 1992). Realçamos que a implementação destas estratégias oferece uma dupla vantagem: por um lado, optimizam a prestação da criança, levando a que a prova testemunhal seja mais fidedigna e sólida, o que se traduz num ganho em termos de investigação criminal, por outro lado, minimizam o risco de se submeter a criança a um processo de vitimação secundária. Voltamos a recordar que o papel da criança nestes casos não é o de simples testemunha, para a criança vítima, relatar a situação de vitimação pode significar reexperienciar de forma intensa e desgastante uma experiência traumática (Halpérin, 1997).

Da revisão de alguns trabalhos destacam-se, pois, algumas áreas "sensíveis" relativamente ao testemunho das crianças. Em primeiro lugar, a questão da credibilidade do relato que curiosamente apenas se coloca para a criminalidade sexual. Nas situações de negligência ou outras formas de mau-trato o testemunho da criança não parece posto em causa. Paradoxalmente, os casos de abuso sexual parecem ser os que mais suscitam a participação da criança no cenário judicial (Bruck et al., 2002; Ceci & Bruck, 1995; Lipovsky et al., 1992).

Contrariamente à ideia amplamente difundida de que a criança revela menos capacidade para testemunhar do que os adultos, os dados da investigação têm vindo a demonstrar que as crianças revelam elevadas competências testemunhais e comunicacionais, bem como uma capacidade de discernimento superior à que frequentemente lhes é atribuída. Relativamente à questão da capacidade de discernimento entre a verdade e a mentira, os estudos revelam que esta capacidade é adquirida muito precocemente, geralmente a partir dos 4 anos as crianças conseguem perceber esta diferença (Chenevière et al., 1997; Halpérin, 1997). No entanto, as capacidades de retenção de informação, de organização do pensamento e de reprodução narrativa são mais limitadas nas crianças desta idade, comparativamente com as competências apresentadas por crianças mais velhas (Chenevière et al., 1997; Halpérin, 1997; Huffman et al., 2002; Lamb et al., 2003).

Progressivamente, as capacidades mnésicas vão aumentando e a função do imaginário vai "perdendo" terreno no funcionamento psicológico infantil (Wallon, 1995). As competências linguísticas e o domínio do vocabulário também alcançam maior solidez, levando a que algumas das limitações da idade pré-escolar sejam ultrapassadas. As implicações destes efeitos desenvolvimentais nas competências testemunhais da criança levam a que a criança vá adquirindo cada vez mais recursos cognitivos que lhe permitem recuperar e evocar as suas vivências.

Relativamente às potenciais dificuldades de obtenção da prova testemunhal junto de crianças, o que a investigação tem vindo a demonstrar aponta para três áreas "problema". A primeira tem a ver com algumas limitações associadas ao desenvolvimento e que, em última análise, poderão ser contornadas através de uma abordagem mais adequada à criança (Van Gijseghem, 1992; Whitcomb, 2003). A segunda tem a ver com a falta de preparação específica dos interventores judiciais para inquirir a criança (Flin et al., 1989; Melton, 1991; Saywitz et al., 1990), com a dificuldade em adequar o discurso à idade da criança e interpretar o que a criança diz. O terceiro obstáculo, que decorre parcialmente da segunda "fonte de problemas", tem a ver com o impacto psico-emocional da própria situação de testemunho e da participação directa da criança em tribunal. As dinâmicas psicológicas inerentes à situação de "ir ao tribunal", tal como já foi referido anteriormente, poderão ser constrangedoras e desencadeadoras de stress.

Para compreensão do impacto negativo que esta experiência pode assumir na trajectória da criança, teremos de nos socorrer de uma "leitura circular" para a qual convocaremos algumas das reflexões realizadas ao longo deste trabalho. Assim, se reflectirmos acerca das vivências de uma criança que é vítima de abuso sexual por um familiar próximo (o que acontece na maioria dos casos) e que corajosamente quebra um segredo cuidadosamente construído e estimulado pelo agressor, enfrentando uma série de perdas, de medos e contrariedades que muitas vezes a fazem recuar na revelação e ocultar o seu desconforto, poderemos concluir deste exercício que o estado emocional da vítima é de grande vulnerabilidade. Neste cenário, levar a criança vítima a "entrar" num processo judicial, num sistema que se apresenta na maioria dos casos impreparado do ponto de vista técnico e físico para a acolher e pedir-lhe que "prove" que está a dizer a verdade, ainda que para isso tenha de acusar um familiar e aceitar todas as consequências dessa atitude, parece ser um esforço demasiado elevado, especialmente se a criança for entrevistada ou abordada por profissionais sem experiência ou sem formação específica.

Esta breve revisão teve como propósito enquadrar o conjunto de factores emocionais que podem condicionar o testemunho da criança, salientando que a qualidade da participação da criança no processo depende muito mais da abordagem dos adultos, do acolhimento que lhe é prestado, das dinâmicas da vitimação e da instabilidade emocional decorrente da alteração da estrutura familiar, do que da simples capacidade de distinguir verdade e mentira (Bruck et al., 2002; Ceci & Bruck, 1995; Davies & Westcott, 1992; DezWirek-Sas, 1992; Goodman, 2002; Huffman et al., 2002; Keeney et al., 1992).

Na pesquisa sobre o testemunho da criança encontra-se de forma igualmente extensa um conjunto de investigações que se reportam às estratégias que visam a optimização das condições em que a criança deve testemunhar (Finkelhor et al., 2005; Goodman et al., 2002; Whitcomb, 1992; 2003) e que, nalguns casos, deram mesmo origem a *guidelines* que devem ser seguidas pelos profissionais que se dedicam à tarefa de recolher o testemunho da criança (em Portugal, o Manual Core, da Associação Portuguesa de Apoio à Vítima, é um exemplo destes manuais).

Entre estas medidas, para além das recomendações acima referidas relativamente à abordagem psicológica forense, incluem-se estratégias que passam pela audição da criança através do sistema de vídeo-conferência, para evitar que esta tenha de estar exposta ao ambiente de tensão que caracteriza o julgamento e para não ter de estar "frente-a-frente" com o agressor, e a gravação de declarações para memória futura. Os estudos acerca dos benefícios destas medidas são escassos e os que existem são contraditórios. Uma das razões pelas quais existe uma grande variabilidade nos resultados deve-se, tanto quanto pudemos apurar, ao facto de a maioria das crianças incluídas nas amostras não estar envolvida em processos judiciais, o que dificulta a percepção dos reais efeitos destas estratégias.

Um estudo longitudinal (King et al., 1998) levado a cabo com crianças vítimas de abuso sexual intrafamiliar, sobre a sua experiência de contacto com o tribunal, concluiu que a participação no processo é stressante para a maioria dos sujeitos, mas que este stress não parece diminuir se a criança for dispensada de testemunhar. Isto é, a participação da criança no processo judicial não deve ser encarada, em si mesma, como penosa para a criança, pois muitas vezes tem uma função catártica e estruturante (Runyan et al., 1988; Tedesco & Schnell, 1987) ao permitir à criança recuperar algum poder de controlo sobre a sua vida, que a situação abusiva lhe retirara. Assim, o conjunto de medidas que estarão consensualmente mais associadas à vivência de uma experiência positiva no contacto com o sistema judicial passam por uma maior preparação dos profissionais envolvidos (Jones et al., 2005), pela utilização do circuito de vídeo-conferência sempre que a criança o desejar (partindo do principio geral de que deve ser dada à criança a possibilidade de escolher a forma como quer participar), por uma preparação da criança para o que vai acontecer e qual o significado dos procedimentos, e por adoptar uma atitude relacional mais próxima da criança (Jones et al., 2005; King et al., 1998; Whitcomb, 1992). A presença de um adulto de confiança – que é a primeira pessoa a quem a criança revelou o abuso e que a apoiou na denúncia (Furniss, 1992) – que a deverá acompanhar ao longo do processo, a par de uma coordenação eficaz entre os serviços de protecção e o sistema penal (Finkelhor et al., 2001; 2005) são também consideradas estratégias facilitadoras.

No nosso país, o Código do Processo Penal contempla uma série de medidas que visam precisamente proteger as vítimas, equacionando a necessidade de existirem regras específicas para a inquirição de menores. Entre as medidas que visam preservar a intimidade da vítima destaca-se a norma prevista no artigo 87.°, n.° 3 que determina "em caso de processo por crime de tráfico de pessoas ou contra a liberdade e autodeterminação sexual, os actos processuais decorrem, em regra, com exclusão de publicidade". O Código do Processo Penal prevê também que a inquirição de testemunhas menores de 16 anos, na audiência de julgamento, seja levada a cabo apenas pelo presidente (artigo 349.°) e que "o tribunal ordena o afastamento do arguido, da sala de audiências" se a vítima for menor de 16 anos e houver razões para crer que a sua audição na presença do arguido pode prejudicar aquela "gravemente" (artigo 352.°).

As especificidades do abuso intrafamiliar também estão contempladas na Lei de Protecção de Testemunhas, no artigo 26.° que "regula a aplicação de medidas para protecção de testemunhas em processo penal" e que tem como propósito garantir a livre expressão de "testemunhas especialmente vulneráveis (...) pela sua tenra idade ou pelo facto de ter de depôr contra pessoa da própria família ou de grupo social que esteja inserida numa condição de subordinação ou dependência". No artigo 27.° contempla-se a possibilidade de a autoridade judiciária "designar um técnico de serviço social ou outra pessoa especialmente habilitada para o seu acompanhamento e, se for caso disso, proporcionar à testemunha o apoio psicológico necessário por técnico especializado". Prevê-se ainda que "a autoridade judiciária que presida ao acto processual poderá autorizar a presença do técnico de serviço social ou da outra pessoa acompanhante junto da testemunha, no decurso daquele acto".

Ao exposto anteriormente acrescenta-se, no artigo 28.° que "o depoimento ou as declarações da testemunha particularmente vulnerável deverão ter lugar o mais brevemente possível após a ocorrência do crime e que (…) deverá ser evitada a repetição da audição da testemunha especialmente vulnerável, podendo ainda ser requerido o registo nos termos do artigo 271.° do Código de Processo Penal". Este último aspecto é extremamente importante, já que a repetição de inquéritos acerca do mesmo assunto, para além de ser penosa para a criança, leva a distorções da informação e, consequentemente, a alterações da percepção e relato do facto vivido, o que dificulta claramente a investigação judicial e a integração psicológica da situação por parte da criança (Ceci & Bruck, 1995; Goodman et al., 1992; Nunes, 2005; Whitcomb, 1992).

Como vimos, a qualidade do testemunho depende de um conjunto de factores que, em última análise, determinam a forma como a criança participa no processo e o impacto que este tem na sua vida. A adopção das estratégias acima referidas poderá, pois, promover uma boa participação da criança no processo judicial e, por outro lado, garantir que esta não seja revitimizada.

5.4. **Na tentativa de proteger a criança**

Na Justiça Protectiva inscrevem-se as medidas que visam garantir a segurança da criança e promover o seu bem-estar. No panorama português estas medidas estão contempladas na Lei de Protecção de Crianças e Jovens em Perigo, referida no capítulo III deste trabalho. No plano abstracto, as recomendações da lei afiguram-se adequadas, no entanto, algumas destas decisões, embora tenham como finalidade a protecção, poderão, paradoxalmente, contribuir para agudizar os danos e fragilizar ainda mais a criança (Alberto, 2002). Permanecem, relativamente a este e a outros aspectos, algumas dificuldades em perceber o impacto das medidas no funcionamento psicossocial da criança, uma vez que a dimensão experiencial não é evidenciada na maioria dos estudos.

Como já tivemos oportunidade de referir, os casos de abuso intra-familiar apresentam um nível de complexidade superior ao que se verifica noutros tipos de abuso, dado que é necessário, nestas situações, proteger a criança do seu próprio ambiente familiar. Uma das formas mais frequentes de o conseguir é através da retirada da criança de sua casa. Em Portugal, segundo o relatório do Observatório da Justiça, uma das medidas de protecção mais aplicada nas situações em que a criança se encontra numa família considerada de risco, é o acolhimento institucional, que representa a medida mais "radical" em termos de protecção da criança e também a que mais efeitos colaterais provoca (Bishop et al., 2001). Por ordem decrescente em termos de aplicação, seguem-se a medida de confiança a pessoa idónea e o acolhimento familiar. O apoio junto da família e o apoio para a autonomia de vida são medidas de protecção e promoção com uma taxa de aplicação reduzida nos casos de abuso sexual intrafamiliar. Por todas estas razões, optamos neste trabalho por destacar a problemática da institucionalização realizando uma breve reflexão sobre as dinâmicas psicológicas associadas à experiência.

Obviamente que o afastamento da família, consequente à revelação, pode constituir uma fonte de angústia elevadíssima na criança e reforçar os sentimentos de ambivalência face ao agressor, bem como fazer com que a criança se sinta profundamente arrependida por ter revelado o abuso. O impacto psicológico da retirada de casa acarreta uma dimensão muito negativa e a investigação nesta área sugere que as crianças que passam por uma situação de alteração familiar deste tipo apresentam resultados mais elevados nas escalas de psicopatologia do que as crianças que não passaram por esta experiência (Cross et al., 1999). As alterações provocadas no seio da família, decorrentes da instauração do processo judicial, são apontadas na literatura da especialidade como as razões mais frequentes para que a criança recue na revelação e não colabore no processo judicial (Furniss, 1992).

Associado à necessidade de afastar a criança do seu ambiente familiar está um conjunto de razões entre as quais se destacam o elevado nível de risco em que a criança se encontra, o baixo suporte familiar e a inserção numa comunidade com elevado stress ambiental (Cross et al., 1999). Segundo Finkelhor et al. (2005), é necessário considerar que muito frequentemente é o desejo da criança que condiciona a decisão da retirada ou permanência na família, acrescentando que outros factores relacionados com a colocação da criança passam por ter como ofensor um dos progenitores, ser membro de uma família numerosa (com mais de seis filhos), ter sido vítima de outras formas de abuso e negligência, existir doença mental, consumo de drogas ou de álcool na família. Hunter et al. (1990) defende que o principal factor que condiciona a decisão judicial quanto à colocação da criança tem a ver com a situação residencial do próprio ofensor, ou seja, quando o agressor vive com a criança esta é mais rapidamente retirada.

A atitude do progenitor não abusador (nos casos em que o abusador é um dos progenitores) é referenciada também por vários estudos como sendo um factor determinante na definição do projecto de vida da criança vítima. Pellegrin e Wagner (1990, cit. Cross et al., 1999) indicam quatro condições que potenciam a colocação da criança num contexto alternativo: a) um baixo nível de colaboração por parte da mãe relativamente às recomendações sugeridas para garantir a protecção da criança, b) o facto de a mãe não ter acreditado na criança quando esta revelou o abuso, c) a mãe encontrar-se numa situação de desemprego, e d) o abuso ter sido severo e continuado.

O processo de institucionalização não é linear e, muitas vezes, é percebido como uma experiência profundamente negativa. De entre estas fontes de desconforto destaca-se o facto de a criança poder interpretar a institucionalização como uma punição dirigida a si (Alberto, 2002; Furniss, 1992), acrescida de uma potencial demissão da responsabilização parental que reforça os sentimentos de abandono e isolamento na criança e inviabiliza a reintegração da criança no seu meio de origem, bem como a própria reorganização familiar. Paralelamente, a estigmatização social associada à figura do institucionalizado leva a que estas crianças interiorizem uma imagem depreciativa da sua própria condição, provocando o agravamento do seu estado de fragilidade. A institucionalização e o recurso ao dispositivo de assistência social em geral traduz--se "num processo de conversão da heterogeneidade das situações e vivências numa homogeneidade. Há um efeito de imposição da Etiqueta, por parte dos profissionais que trabalham com estas realidades" (Alberto, 2002, p. 230). Este aspecto pode ter implicações muito negativas na integração da experiência de vitimação e na concepção de projectos para o futuro. As consequências psicossociais de se ser ou de se "sentir" rotulado e de aderir a essa "etiqueta" podem ser extremamente negativas em termos desenvolvimentais.

A adaptação da criança vítima ao contexto institucional depende, naturalmente, de várias dimensões. Das características da criança e da situação de vitimação que deu origem ao acolhimento, da forma como a criança é preparada para esta situação e, claro, das características da própria instituição. Raymond (1993, cit. Alberto, 2002) indica algumas particularidades que deverão distinguir as instituições que acolhem crianças em risco. Assim, a instituição deverá ser *Securizante*, garantindo, por um lado, um conjunto de regras e rotinas que ajudam a criança a estabilizar, compensando a imprevisibilidade e desorganização que caracteriza habitualmente os contextos familiares de risco e, por outro, garantindo um acolhimento caloroso e individualizado à criança. A instituição deve ser também *Contentora de Angústia*, no sentido de oferecer à criança um espaço relacional e afectivo onde a partilha de sentimentos e de desejos pode ter um lugar privilegiado. *Favorecer a construção da Identidade,* através da promoção de condições que possibilitem a reorganização emocional das crianças, a reconstrução do eu e a integração construtiva das suas experiências de vida, é outra característica fundamental para que a institucionalização possa ter uma função adaptativa na vida da criança.

Infelizmente, a reunião das condições acima expostas nem sempre é possível e, muito mais frequentemente do que é desejado, a retirada da criança da família de origem e a sua integração em meio institucional afigura-se uma fonte de revitimização, de desamparo e de insegurança para a criança. Embora os estudos nesta área sejam escassos, os que se dedicam a avaliar o impacto psicológico desta vivência são relativamente unânimes em considerar que, de uma forma geral, a institucionalização poderá estar associada à emergência de sentimentos de angústia (devido à temática da separação), de sintomatologia depressiva e de um nível de auto-estima baixo (Cross et al., 1999; Finkelhor et al., 2005; Valência et al., 1993 cit. Alberto, 2002).

Face à frequência com que esta medida é adoptada pelo sistema de protecção à infância em Portugal e face às complexidades e às potencialidades que encerra, é de considerar que o estudo das dinâmicas da institucionalização deverá merecer uma atenção mais focalizada por parte dos investigadores.

SÍNTESE INTEGRATIVA

Nas reflexões iniciais que fizemos acerca do nosso objecto de estudo e da forma como o iríamos abordar, depressa percebemos que dificilmente encontraríamos um quadro teórico único que nos permitisse compreender e enquadrar a totalidade das dimensões que esta temática comporta. Por esta razão, entendemos ser mais pertinente recorrer a um conjunto de leituras que, no seu conjunto, possibilitassem a construção de um quadro de compreensibilidade onde a experiência da criança no contacto com a Justiça encontrasse sentido. Metaforicamente, poderíamos imaginar o nosso objecto de estudo num centro de um círculo para o qual convergem diferentes vectores que o definem, o questionam e o modulam.

Da análise teórica efectuada ressaltam algumas questões que nos parecem particularmente relevantes pela estreita ligação ao nosso objecto de estudo. Desde logo, a "construção social da criança vítima" e a preocupação com o estudo deste actor. A especificidade do abuso sexual intrafamiliar, enquanto forma de vitimação adquiriu alguma visibilidade fruto de várias transformações. No entanto, continua actualmente a ser um fenómeno que ocorre numa esfera de difícil acesso, através de dinâmicas que o perpetuam e que, no seu conjunto, obstaculizam a revelação destas situações. Do ponto de vista da vítima, o impacto do abuso pode gerar danos em diferentes níveis: pessoal, familiar, social. É, pois, esta vítima em dificuldades que a Justiça vai acolher. Como? Tentámos perceber como, através de uma revisão do ordenamento jurídico português a dois níveis: o da Justiça de Protecção e o da Justiça Penal, pois são, em princípio, as duas esferas com as quais a criança irá contactar. Se estabelecermos duas linhas paralelas em que numa está representada a evolução do estatuto da criança e na outra a evolução legislativa que lhe diz respeito, rapidamente percebemos que é muito tardia a problematização do abuso sexual de menores enquanto facto criminal. Pensamos que terá concorrido para esta "indiferença" relativamente aos crimes sexuais, por um lado, o facto de a criança ser um actor muito recente no panorama jurídico, por outro, o facto de o abuso sexual ser um crime que remete para uma experiência que ocorre numa esfera da intimidade de difícil reconhecimento público. Se articularmos os três níveis de análise focados nos primeiros capítulos: 1) o tardio reconhecimento do mau-trato infantil, particularmente na forma de vitimação sexual; 2) as especificidades das dinâmicas abusivas, o seu carácter de secretismo e de ocultação familiar, e 3) uma abordagem legal que "acordou" tardiamente para esta problemática, poderemos compreender algumas das razões que levam a que, ainda hoje, a relação entre a criança e a Justiça levante tantas questões e tantas dificuldades.

As especificidades desta relação poderão também ser lidas a partir da óptica da criança, no entanto, o posicionamento desta relativamente à Justiça tem sido alvo de um escasso investimento científico. De qualquer forma, os contributos teóricos de alguns estudos que tivemos oportunidade de referir colocam a tónica no reduzido nível de conhecimentos que a criança tem acerca do mundo judicial e da linguagem jurídica e numa elevada centração no carácter punitivo da Justiça. Esta perspectiva poderá ajudar-nos a compreender algumas das resistências presentes na infância relativamente à intervenção judicial que posteriormente poderão condicionar a aceitação e integração de medidas judiciais que lhe dizem directamente respeito. Tendo em conta a articulação de todos os aspectos anteriormente explicitados, afigura-se-nos evidente que o envolvimento de uma criança vítima de abuso sexual intrafamiliar na Justiça é uma trajectória repleta de expectativas (positivas, mas também negativas), receios, contradições e desejos.

Quanto à participação directa da criança, o cenário que melhor traduz esta situação é o de uma criança que, por norma, tem o primeiro contacto com a Justiça na sequência de uma trajectória de vitimação e que parte para este contexto, muitas vezes impreparado para a receber, numa posição de fragilidade. São, neste momento, conhecidos alguns dos efeitos deste contacto e, por isso, surgem várias sugestões para minimizar os danos daí decorrentes. No entanto, existe ainda uma grande controvérsia relativamente ao envolvimento directo da criança na Justiça, aos efeitos positivos e negativos desta experiência. Os pontos de consensualidade reúnem-se em torno da adequação do contexto às especificidades da criança e em relação à necessidade de um maior investimento na formação dos restantes actores judiciais. Parece-nos particularmente relevante ressaltar um aspecto que tem a ver com a escassez de estudos que articulam a intervenção da Justiça Penal e a Justiça Protectiva. Como pudemos ver, algumas medidas que nascem da Justiça Protectiva – como é o caso da institucionalização – parecem ter um impacto extremamente profundo na vivência da criança vítima e nem sempre são objecto de reflexão.

Dada a complexidade do fenómeno em estudo não podemos, de forma alguma, ter a pretensão de o conhecer de forma integral. Existem múltiplas possibilidades e uma diversidade de perspectivas teóricas a partir das quais podemos olhar para o objecto. O que procuramos fazer ao longo deste trabalho foi articular algumas das diversas leituras possíveis que, numa lógica de complementaridade, elucidassem sobre algumas especificidades da experiência da criança no seu contacto com a Justiça e que nos permitissem também enquadrar os dados empíricos.

PARTE II
ESTUDO EMPÍRICO

"E se nos dispuséssemos a inverter a atitude epistemológica e a ouvir o fenómeno em vez de assimilá-lo?"

Agra, 1986

CAPÍTULO 6
Metodologia

6.1. Objectivos do estudo

O envolvimento de crianças na esfera judicial é uma realidade cada vez mais comum nos dias de hoje. Não obstante, o conhecimento acerca dos contornos deste contacto é um domínio relativamente ao qual, apesar das evoluções recentes, permanecem muitas dúvidas e questões em aberto. Mesmo depois do "boom" de estudos centrados especificamente nas crianças abusadas, ocorrido a partir de 1985 (Kendall-Tackett et al., 2001), verifica-se que a maioria destas investigações se centra no relato dos pais, dos clínicos ou dos cuidadores da criança acerca do impacto da vitimação e não na narrativa da própria criança (idem). Relativamente ao contacto com a Justiça e aos significados e implicações que esta experiência comporta, a escassez de estudos é ainda mais evidente. Tal como pudemos ver no enquadramento teórico, a maioria dos estudos realizados diz respeito às dimensões do conhecimento e representações das instâncias judiciais apresentadas por crianças não envolvidas no sistema de Justiça.

O presente estudo pretende, a partir do discurso directo de crianças vítimas de abuso sexual intrafamiliar, aceder aos significados e sentidos que estas conferem à experiência de contacto com o sistema judicial. Neste trabalho partimos do princípio de que as melhores fontes de informação acerca das crianças são elas próprias (Docherty & Sandelwski, 1999).

Outra dimensão metodológica que ressaltou da revisão bibliográfica que efectuamos, foi o facto de a grande maioria das investigações combinar na mesma amostra vítimas de abuso sexual perpetrado em contexto familiar e vítimas de abuso extrafamiliar (Finkelhor et al., 2005) e, por essa razão, uma série de variáveis associadas às dinâmicas relacionais e às alterações dos contextos afectivos da criança (decorrentes da revelação do abuso), particularmente relevantes nos casos de abuso intrafamiliar, acabarem por ser pouco aprofundadas do ponto de vista das significações e do impacto emocional.

Para além dos aspectos anteriormente referidos, encontramos também na revisão da literatura uma lacuna de estudos que contemplem a interacção entre o sistema criminal e o sistema de protecção nos casos de abuso sexual, sendo certo que, num grande número de casos, as crianças envolvidas são submetidas a decisões e diligências que englobam essas duas áreas da Justiça, pelo que seria relevante perceber a relação entre esses dois sistemas, do ponto de vista da vítima.

Actualmente, são numerosas as investigações oriundas do campo da Psicologia Forense que se debruçam sobre os contornos da relação da criança com a Justiça (Edelstein et al., 2002), especialmente focalizadas nas questões do testemunho e dos efeitos do contacto com a Justiça, enquanto potencial desencadeador de fenómenos de vitimação secundária. Voltamos a encontrar, nos estudos que adoptam estas temáticas como objecto, métodos de recolha de dados junto dos cuidadores, de técnicos ou de clínicos (idem).

A complexidade que este "epifenómeno" do crime de abuso sexual encerra, a relevância social do tema, a escassez de estudos nacionais, a lacuna de conhecimentos específicos sobre aspectos que têm a ver com as repercussões pessoais e familiares do envolvimento da criança com a Justiça, valida o nosso interesse em aprofundar esta temática. Interessar-nos-á, pois, conhecer as leituras e interpretações das próprias vítimas relativamente ao seu contacto com o sistema judicial, tendo como objectivos principais:

1. Perceber se existem invariantes processuais ao longo da trajectória do contacto com o sistema judicial.
2. Aceder aos significados e sentidos atribuídos pela criança à sua "trajectória judicial", às diferentes figuras e contextos que integram os vários cenários do panorama judicial com que contacta.
3. Perceber se o contacto da criança com a Justiça, no caso deste crime em particular, produz fenómenos de vitimação secundária.
4. Nos casos em que ocorre vitimação secundária, perceber de que forma emergem e como se concretizam esses fenómenos.

Pretendemos, assim, aceder à experiência da criança na integração vivencial das etapas do processo judicial, às dificuldades que sente, às suas

A *Criança na Justiça*   133

emoções e pensamentos, às expectativas que cria e aos esforços que entende necessários para superar estas etapas.

Numa primeira fase, procederemos à análise documental dos processos para identificar, quer fases do contacto da criança com o dispositivo, quer as especificidades que assumam relevância para o conhecimento do impacto de algumas decisões.

Numa segunda fase, identificadas as fases do processo (através da análise documental), iniciaremos a recolha de dados de forma directa através do método de Entrevista Qualitativa. Muito embora no quadro metodológico que nos serve de referência o curso da investigação evolua a partir dos dados que, progressivamente, se recolhem, há um conjunto de informações que, a partir da nossa experiência e das indicações que a literatura nos fornece, pensamos poder constituir um ponto de partida para a recolha de dados. Entre este conjunto de informações destacamos: anamnése e informação desenvolvimental; informação familiar; história do evento; trajectória do processo (agora narrada pelo próprio sujeito); avaliação psicológica/desenvolvimental (dimensão cognitiva; afectiva e relacional); narrativas acerca dos significados atribuídos às figuras/ /contextos/acções do sistema de Justiça com os quais a criança foi confrontada.

No tratamento dos dados recolhidos optámos pelo recurso a procedimentos de análise do conteúdo das narrativas das crianças.

6.2. Abordagem Fenomenológica

Para a prossecução dos objectivos anteriormente referidos, parece--nos mais adequada a adopção de um desenho metodológico de natureza qualitativa. Uma vez que o objecto e os objectivos do presente estudo se pautam por uma estreita ligação com a procura de sentidos, de significados, pelo acesso à experiência subjectiva através do discurso do sujeito, pensamos que as abordagens fenomenológicas, dentro do paradigma da investigação qualitativa, serão as que mais se adequam ao trabalho que nos propomos realizar. De acordo com Husserl, o presente trabalho poderia enquadrar-se na "Psicologia de Inspiração Fenomenológica" (Raffaelli, 2004), uma vez que segue uma concepção baseada na fenomenologia, embora se socorra igualmente de outras leituras. Para este autor, o *eu* psíquico só tem sentido quando envolvido numa experiência vital, num campo fenomenológico. Por isso, o objectivo da investigação será conhecer a estrutura "sujeito-mundo".

Em geral, a investigação fenomenológica em Psicologia tem como objectivo explorar o ser humano em contexto, isto é, em vez de reduzir o fenómeno a um conjunto de variáveis pré-determinadas e controlar outras, a fenomenologia procura traduzir o mais fielmente possível o fenómeno e o seu contexto (Giorgi & Giorgi, 2003). A posição epistemológica do paradigma qualitativo caracteriza-se pela valorização da subjectividade, numa perspectiva idiográfica, dando relevo às vivências interiores, aos elementos particulares e à forma como o indivíduo constrói a realidade e dá sentido ao que o rodeia. As significações enquanto processo de atribuição de sentido tornam-se, por isso, numa dimensão central na pesquisa fenomenológica (Smith & Osborn, 2003).

De acordo com esta linha de compreensão dos fenómenos, o sujeito dirige-se ao objecto de modo a dotá-lo de significado, o que implica um movimento intencional, ou seja, a consciência dirige-se para o objecto elegendo os seus aspectos significativos (Abreu, 1997). Assim, a concepção que o indivíduo tem do mundo que o rodeia é constituída por uma rede complexa de significações, segundo a qual o sujeito interpreta o mundo e organiza a sua experiência. Compreender este indivíduo implica, pois, compreender a heterogeneidade de sentidos e significações criados e desenvolvidos a partir de numerosas influências e experiências de vida.

Na procura de sentidos, a fenomenologia está profundamente ligada à hermenêutica (enquanto processo de interpretação do sentido das palavras), numa relação de mútua dependência: por um lado, a hermenêutica constrói-se numa base fenomenológica, por outro, a fenomenologia não consegue afirmar-se sem o pressuposto hermenêutico (Ricouer, 1975). Aceder à interpretação que o indivíduo faz de uma determinada situação, permite ao investigador conhecer a forma como o sujeito constrói "o seu mundo" e qual o sentido da sua experiência. Há autores (e.g. Smith & Osborn, 2003) que defendem que existe, nesta abordagem investigativa, um processo hermenêutico duplo – o sujeito constrói significados e interpreta a sua experiência; o investigador procura agrupar em unidades de sentido o conteúdo das significações dos sujeitos[8].

---

[8] À semelhança dos procedimentos de análise de conteúdo.

A Criança na Justiça 135

Neste tipo de abordagem o investigador caminha em direcção ao fenómeno e conhece-o através do olhar e da voz do sujeito que experiencia a situação. Numa abordagem fenomenológica "não importa tanto a realidade objectiva, as coisas em si, o que ele [sujeito] vive ou percebe, mas o modo como as vivencia, a sua vivência das coisas, a sua verdade sobre o mundo" (Abreu, 1997, p. 15). O investigador não se centra em teorias ou categorias *a priori* para tecer explicações, procura sim interrogar-se, desenvolver linhas de compreensão, descobrir significados e explorar o fenómeno na maior diversidade possível. Esta abordagem afasta-se de explicações homogéneas, redutoras e lineares, pois estas comprometeriam a singularidade dos sujeitos que, por sua vez, teriam dificuldade em se rever nessas explicações. Em síntese, a abordagem fenomenológica, inserida no paradigma qualitativo, reconhece a subjectividade da leitura do mundo, o poder de transformação e co-construção existente no espaço relacional e o carácter complexo e dinâmico dos fenómenos sociais.

6.3. Grounded Theory

Na concretização do estudo empírico, elegemos a *Grounded Theory* como metodologia de referência, uma vez que se adequa aos objectivos do estudo e ao paradigma de investigação qualitativo de carácter fenomenológico. Esta metodologia caracteriza-se como "uma metodologia geral para desenvolver teoria, que está enraizada em dados sistematicamente recolhidos e analisados. A teoria evolui no decorrer da própria investigação, o que ocorre através de uma relação dinâmica e contínua entre a análise e a recolha de dados " (Strauss & Corbin, 1994, p. 273). Trata-se, pois, de um procedimento indutivo e interpretativo cujo objectivo geral é constituir uma teoria fundamentada acerca de um problema específico e/ou de uma população específica e não extrapolar ou generalizar. Algumas das principais características e pressupostos da metodologia adoptada, de acordo com Strauss e Corbin (1994) e Denzin e Lincoln (2000) são as seguintes:

a) Têm como foco de interesse os fenómenos sociais, partindo do pressuposto de que os dados a analisar dizem respeito à perspectiva dos sujeitos enquanto construtores da realidade, daí a centralidade do processo hermenêutico;

b) Os dados são recolhidos de preferência nos contextos onde os fenómenos são construídos;
c) A análise dos dados é desenvolvida, de preferência, ao longo do processo de recolha, isto é, recolha e análise ocorrem em simultâneo;
d) A apresentação dos resultados é efectuada num registo descritivo, centrado na compreensão e interpretação dos significados dos próprios sujeitos, podendo haver lugar a referências teóricas que suportem ou complementem este processo hermenêutico de compreensão;
e) A teoria é construída ao longo do processo investigativo, não havendo, em princípio, categorias pré-existentes. No entanto, alguns estudos podem partir de questões previamente formuladas, que não deverão constituir obstáculos à aceitação e integração da originalidade do material recolhido, permitindo abrir espaço à construção de uma teoria densa, enraizada nos dados;
f) A selecção do método de análise é determinada pelo objecto de estudo, pela natureza do material recolhido e pelos referenciais do investigador;
g) A exploração do fenómeno deve ser exaustiva e integral, tendo em vista traduzir a rede de significações construída pelos sujeitos;
h) Pressupõe que não existe uma relação hierárquica em que o entrevistador é o "especialista", devendo este aperfeiçoar-se em técnicas de entrevista e de observação participante;
i) A investigação qualitativa pode realizar-se autonomamente ou conjugar dados quantitativos, numa lógica de complementaridade entre os dois paradigmas de investigação, se o objecto de estudo o exigir e permitir.

Sinteticamente, a metodologia adoptada caracteriza-se por abordar qualitativamente fenómenos dotados de significado, sem a pretensão de testar ou comprovar hipóteses ou de generalizar resultados. Trata-se de um processo indutivo que estimula a construção teórica através de processos de reflexão e análise do material empírico, para posterior integração e conceptualização teórica fundada nesse material. Neste processo, a análise e interpretação dos dados socorre-se de leituras teóricas que poderão adequar-se à compreensão do fenómeno em estudo.

É suposto que o estudo seja exaustivo no que diz respeito ao conhecimento de uma determinada população e, nesse sentido, a metodologia vai de encontro aos objectivos do presente trabalho, que se prendem com o conhecimento em profundidade das experiências e significações dos sujeitos, da forma como estes captam a realidade e lhe dão sentido. A Grounded Theory orienta-se para a produção de uma "teoria conceptualmente densa" (Strauss & Corbin, 1994) a partir da análise dos dados recolhidos. Nesta lógica, o investigador parte para o material sem nenhuma categoria definida, pois segue um processo de construção de teoria "fundada" (Grounded) no material que recolhe: são os dados que vão orientar a formulação conceptual, seguindo um raciocínio indutivo de cariz fenomenológico. Assim, a produção de "teoria fundada" (Grounded) obedece a um processo construtivo e dinâmico onde as leituras e releituras do material, a afinação das categorias, inclusão e exclusão, a extensão das mesmas, são procedimentos habituais e desejáveis, pois só assim é possível formular uma teoria gerada a partir do material empírico.

6.4. Processo de amostragem teórica

Dada a natureza do objecto e objectivos deste estudo, optámos por um processo de amostragem teórica, na qual o critério para a selecção da amostra não é o número/representatividade estatística dos participantes mas o grau de profundidade do seu conhecimento acerca do objecto em estudo. Nesta lógica, entende-se que os participantes seleccionados deverão ser "peritos " no conhecimento de um determinado conjunto de vivências, aquilo que Morse (1994) denominou de "peritos experienciais", abandonando-se a ideia de aleatoriedade da amostra. Parte-se do princípio de que o sujeito é o principal detentor de conhecimentos sobre o que experienciou e, por isso, o estudo dos significados e sentidos desta experiência deverá ser sempre guiado pela e a partir da narrativa que o indivíduo produz sobre os acontecimentos, e não pelas grelhas de análise prévias do investigador.

Dado que os objectivos do estudo se prendem com as significações da experiência de contacto com o sistema judicial e impacto desta ao nível existencial, foi seleccionada uma amostra de sujeitos cujo conhecimento acerca do fenómeno, enraizado na sua experiência directa, pudesse permitir aceder às dimensões acima referidas. Foram, assim, seleccionados 15 sujeitos considerados "Peritos Experienciais" relativamente ao objecto em estudo.

Este número de participantes ultrapassa um pouco os 10/12 sugeridos para os estudos desta natureza (Glaser & Strauss, 1967), o que se deve, por um lado, ao facto de haver necessidade de contemplar a diversidade e riqueza dos dados e, por outro, ao facto de o nível de saturação teórica só ter sido atingido com este número. Assim, o processo de recolha de entrevistas foi continuado até se atingir o ponto de "saturação teórica", momento a partir do qual o material a analisar deixa de acrescentar elementos novos, surgindo um conjunto de regularidades e uma tendência geral relativamente à experiência em estudo.

Os participantes foram contactados no GEAV (Gabinete de Estudos e Atendimento a Vítimas) da Faculdade de Psicologia e de Ciências da Educação da Universidade do Porto, ao qual se haviam deslocado para a realização de perícias de avaliação psicológica forense. Todas as crianças que constituem a amostra se encontram envolvidas em inquéritos judiciais nos quais estão sinalizadas como vítimas de abuso sexual intrafamiliar. A amostra compreende crianças com idades entre os 8 e os 12 anos.

De acordo com princípios éticos e deontológicos que devem orientar este tipo de investigação, os sujeitos e os seus acompanhantes foram informados dos objectivos do estudo e obtivemos o seu consentimento informado para participar na investigação. Foi garantido o anonimato e contextualizado o objectivo do estudo.

Dar conhecimento aos participantes e envolvê-los no estudo, tal como permitir ao entrevistado ter algum conhecimento acerca do investigador, são elementos importantes a ter em conta em qualquer investigação (Bourg et al., 1999). No caso específico do nosso trabalho, esses aspectos são ainda mais relevantes, uma vez que os entrevistados são crianças que, por força das circunstâncias, foram já abordadas várias vezes por pessoas diferentes e em *settings* diferentes. Os objectivos da investigação não podem pôr em causa a integridade e o equilíbrio dos sujeitos. Foi, por isso, solicitada autorização para a recolha de dados adicionais através de entrevista em profundidade, realizada, em alguns casos, num momento posterior ao final do processo de avaliação psicológica forense.

Desta forma, parte do material narrativo analisado (ex: verbalizações acerca do impacto da vitimação, dinâmicas da vitimação), foi produzido espontaneamente ao longo do processo de avaliação e parte foi recolhido através da entrevista em profundidade, que focou, como adiante veremos, temáticas que estão mais ligadas aos objectivos específicos do estudo e menos às questões que integram a entrevista protocolar de avaliação psicológica de situações de abuso sexual utilizada no GEAV.

Para além dos dados das entrevistas, foram analisados todos os processos judiciais de cada criança, de forma a construir uma grelha que nos permitisse compreender de forma temporal e biográfica as trajectórias da criança no seu percurso judicial. Esta análise permitiu-nos aferir das invariâncias e diferenças na condução dos processos, através de uma comparação sistemática de cada uma das trajectórias. Para a consulta dos processos foi solicitada autorização à directora do GEAV e à Directora da Delegação do Norte do INML (uma vez que parte dos casos avaliados no GEAV provinham do INML, através de um protocolo de colaboração estabelecido entre as duas instituições) e às respectivas instâncias que solicitaram as avaliações psicológicas, no âmbito de processos de inquérito a correr termo nos serviços do Ministério Público de Comarcas do Distrito Judicial do Porto.

A selecção dos participantes em função do tipo de abuso (intrafamiliar) prende-se com o facto de, neste tipo de abuso, a vida pessoal e familiar da criança constituir, como vimos, objecto de uma intervenção mais profunda por parte do sistema de Justiça, implicando mudanças, não só na esfera individual da criança, como nos seus contextos alargados.[9] Interessava-nos, pois, estudar o significado deste tipo específico de medidas de "promoção e protecção", que raramente estão presentes no abuso extrafamiliar.

Todas as crianças que compõem a amostra já tiveram contacto com o dispositivo jurídico, ao longo da história do evento, incluindo, obviamente as estruturas que estão implicadas directa ou indirectamente nas decisões que este processo comporta.

---

[9] Note-se que a retirada de casa implica, frequentemente, a mudança de escola, de actividades extra-curriculares, de espaços físicos, perda de referências afectivas e instrumentais.

Quadro I
Caracterização dos participantes

Ana	A Ana tem 12 anos. Foi durante 3 anos abusada sexualmente pelo pai. Após a revelação foi decretada a medida de "Acolhimento Institucional". O pai da Ana encontra-se a cumprir a pena de prisão fixada em 6 anos. A Ana permanece na instituição uma vez que o Tribunal entendeu que a mãe não reunia as condições necessárias para a educar e proteger. Frequenta o 6.° ano de escolaridade.
Tiago	O Tiago tem 11 anos. Foi abusado sexualmente pelo pai desde os 6 anos de idade. A revelação foi feita por uma irmã mais velha (também abusada) e o Tiago foi acolhido numa instituição. O pai foi detido e a mãe não reunia condições para ficar com todos os filhos. O Tiago passou por diversas estruturas de acolhimento temporário e neste momento encontra-se institucionalizado. Vai frequentar o 3.° ano de escolaridade porque o pai não permitia que fosse à escola.
João	O João tem 10 anos. Foi abusado pelo tio, que residia em sua casa, durante um ano e meio. Os pais do João são divorciados e, segundo avaliação social realizada após a denúncia, nenhum dos dois reúne condições para o acolher. A mãe porque ainda coabita com o abusador, e o pai por falta de meios económicos. Frequenta o 5.° ano de escolaridade.
Cátia	A Cátia tem 10 anos. Foi abusada sexualmente por 3 tios diferentes. Após a revelação foi retirada da família de origem e institucionalizada, uma vez que os abusadores permaneceram na habitação onde moravam também os pais da Cátia.
Raquel	A Raquel tem 8 anos. Foi abusada pelo padrasto durante 5 meses. Na sequência do abuso foi retirada da família e vive numa instituição porque a mãe permanece junto de abusador. Frequenta o 3.° ano de escolaridade.
Teresa	A Teresa tem 11 anos, foi abusada durante 2 anos por um tio com quem se encontrava todos os fins-de-semana. Os pais da Teresa estão divorciados e a Teresa vivia com o pai e ia para casa da mãe em fins-de-semana alternados. Devido ao facto de o tio (abusador) frequentar regularmente a casa da mãe, a Teresa não pode permanecer lá, pelo que, neste momento não tem contactos com a mãe.

Mariana	A Mariana tem 11 anos. Foi abusada pelo pai desde os 6 anos de idade. Na sequência da revelação, o pai foi detido e, uma vez que o tribunal entendeu que a mãe não reunia condições para educar os filhos, a Mariana foi acolhida temporariamente numa instituição, depois numa família de acolhimento e posteriormente voltou para uma instituição.
Alexandre	O Alexandre tem 9 anos e frequenta o 4.º ano de escolaridade. Reside com os pais. Foi abusado por um primo da mãe ao longo de cerca de 8 meses. O Alexandre permanece com os pais mas deixou de ter contacto com alguns elementos da família.
Rita	A Rita tem 8 anos. Foi abusada pelo padrasto. Após a revelação foi retirada de casa e neste momento vive com uma família de acolhimento. Frequenta o 2.º ano de escolaridade
Sofia	A Sofia tem 10 anos. Foi abusada pelo avô. Já tinha estado envolvida num processo de inquérito em que este mesmo avô foi constituído arguido. Aos 7 anos de idade é aberto novo inquérito. A Sofia já passou por uma instituição mas neste momento encontra-se numa família de acolhimento. Frequenta o 5.º ano de escolaridade.
Paulo	O Paulo tem 11 anos. Foi abusado pelo padrasto durante cerca de 1 ano. Neste momento está institucionalizado porque a mãe não quis abandonar o companheiro. Foi ele próprio que denunciou a situação à polícia. Neste momento frequenta o 6.º ano de escolaridade.
Tânia	A Tânia tem 9 anos. Foi abusada pelo irmão (26 anos). Após a revelação foi retirada de casa porque o agressor permaneceu na morada de família.
Sara	A Sara tem 9 anos. Foi abusada pelo avô (com quem ficava durante o dia) desde os 5 anos de idade. A Sara permaneceu em casa dos pais. Frequenta o 5.º ano de escolaridade.
Maria	A Maria tem 12 anos. Foi abusada pelo irmão mais velho desde os 6 anos de idade. Fez várias tentativas frustradas de revelação aos pais. Quando revelou o abuso a uma amiga, os pais negaram-lhe ajuda, pelo que se encontra numa instituição.
Joana	A Joana tem 10 anos. Foi abusada pelo companheiro da mãe ao longo de 8 meses. A mãe não acreditou e a avó pediu a guarda da Joana, que lhe foi judicialmente concedida. A Joana frequenta o 6.º ano de escolaridade.

6.5. Recolha de dados: A Entrevista Qualitativa

Na metodologia de recolha de dados seguida adoptamos a entrevista qualitativa como método de acesso à e de compreensão da experiência dos entrevistados (Seidman, 1991). Entendida como uma estratégia de abordagem dialéctica, a entrevista de natureza qualitativa abandona a concepção do "entrevistador-perito", isto é, parte-se do princípio que os especialistas no fenómeno estudado são os participantes (Machado, 2004). É, pois, um processo conversacional, onde se pretende aceder e compreender a experiência dos sujeitos.

No caso do nosso estudo, como a entrevista decorreu no âmbito de uma "diligência processual" tivemos de ter cuidados adicionais para minimizar os efeitos de uma potencial "contaminação de resultados" ou enviesamento dos mesmos. Relativamente a este aspecto, a metodologia adoptada engloba múltiplas possibilidades no que diz respeito aos contornos da participação do investigador. Há mesmo correntes que defendem que o investigador deve estar muito próximo dos contextos onde decorrem os fenómenos, de forma a poder apreendê-los melhor (Charmaz, 2005).

O facto de a entrevista decorrer de forma aberta, procurando sistematicamente validar e reforçar a mestria da criança (Bourg et al., 1999), poderá reduzir o potencial efeito de desejabilidade social decorrente do facto de esta ter de se pronunciar sobre o contexto da avaliação forense em que se encontra.

Para finalizar, pensamos que, dado o elevado número de situações em que estas crianças já foram entrevistadas, inquiridas ou interrogadas, e tendo em conta que estas abordagens foram conduzidas por diferentes actores, entendemos ser menos perturbador para a criança ser entrevistada pela mesma pessoa que, por força dos objectivos da avaliação psicológica, abordará temáticas mais ligadas à dimensão experiencial e íntima e que, de alguma forma, já terá construído uma relação de confiança com ela, do que ser objecto de mais uma entrevista, por mais um entrevistador, apenas para recolher os dados complementares relevantes para a investigação.

A entrevista qualitativa permite adoptar uma postura de diálogo, caracterizada por uma atitude de flexibilidade e abertura, onde o entrevistado tem liberdade para focar os aspectos mais relevantes para si, transmitindo livremente a sua perspectiva sem que o entrevistador teça qualquer tipo de juízo de valor ou correcção (Seidman, 1991). De resto, são a perspectiva que a criança tem acerca dos acontecimentos, a sua interpretação e as significações por ela atribuídas que, em última análise, interessam na investigação que nos propusemos realizar.

A função do entrevistador será a de orientar a criança na reconstituição da sua experiência, adoptando uma atitude relacional de disponibilidade para escutar, valorizar e compreender o seu discurso. Neste processo, e porque as temáticas abordadas são susceptíveis de gerar desconforto, é fundamental respeitar o ritmo da criança, garantir-lhe privacidade, ajudá--la a superar potenciais fontes de ansiedade decorrentes da reexperienciação dos eventos traumáticos e aceitar eventuais resistências, dificuldades de expressão ou de elaboração cognitiva, decorrentes da idade (Bourg et al., 1999).

De acordo com os objectivos e abordagem escolhida, foi adoptado um guião de temas a abordar de forma flexível, que serviu de orientação para o aprofundamento de algumas questões da investigação. O método que adoptámos pressupõe que este guião seja alterado no curso da entrevista, de acordo com o material empírico que emerge do discurso do entrevistado, tendo em conta que o acesso à subjectividade é o principal objectivo da recolha. Tivemos o cuidado de adequar o vocabulário à idade da criança e às suas características (Saywitz, 1989) e assegurar que a criança percebeu as questões colocadas (Flin et al., 1989).

Os dados provenientes da entrevista em profundidade, dentro do paradigma de investigação qualitativa, podem ser sujeitos a diversos procedimentos de análise. No presente estudo, optámos, como já foi referido, por um procedimento hermenêutico que nos permitisse "imergir" nos dados sem uma grelha conceptual de partida, dentro do pressuposto de que deveremos, antes de tudo, dar "voz" aos dados.

6.6. Procedimentos de análise e tratamento de dados

O material empírico recolhido nas entrevistas foi integralmente transcrito para *word* pela investigadora. Esta transcrição permitiu, desde logo, uma primeira imersão no material (Magalhães, 2005).

O processo de análise do material ocorre, segundo a Grounded Theory, em simultâneo com a recolha de dados, de forma que o investigador orienta a sua pesquisa numa alternância entre os dois planos, em interacção. Esta descoberta é um processo indutivo, pois é a partir dos dados que se constroem esquemas de interpretação ou hipóteses explicativas. Nesta metodologia, o processo de análise dos dados evolui a partir da comparação constante dos dados, daí que alguns autores se refiram a um método "comparativo constante" (Glaser & Strauss, 1967; Strauss & Corbin, 1994), ou em *"zig-zag"* (Charmaz, 2005). Na *Grounded Theory* as categorias emergem do material recolhido. Desta forma, existe um "diálogo" permanente entre a recolha e a interpretação, isto é, a recolha e a análise são processos que ocorrem simultaneamente e deverão resultar numa síntese de dados conceptualmente densos acerca do fenómeno em estudo. O trabalho de descoberta é produzido pelas sucessivas leituras do material, questionamentos e reflexões acerca dos dados. A primeira leitura é flutuante, isto é, trata-se de um primeiro encontro com o material, podendo resultar num primeiro processo de interpretação do material recolhido. É nesta primeira fase que se procura extrair as perspectivas, significações dos participantes, identificar passagens "significativas" emergentes do material (Maroy, 1995). A imersão no conteúdo engloba leituras e releituras do mesmo, através de um exercício de aperfeiçoamento, definição, redefinição e afinação de categorias (Charmaz, 2005).

O processo de interpretação e codificação obedece a uma análise das categorias de acordo com a sua pertinência, relevância, podendo ser cortadas, fundidas ou anexadas a outras categorias (Magalhães, 2005). As categorias deverão ser progressivamente mais gerais, englobantes e conceptualmente densas (Charmaz, 2005).

As categorias devem ser definidas de forma explícita e exaustiva, no entanto, este processo não é rígido nem estanque. A categoria é uma ideia presente num conjunto de unidades de análise (frases, parágrafos, etc.) que têm características semelhantes e, por isso, são susceptíveis de se englobar na mesma categoria (Maroy, 1995). Ou seja, a categoria é uma unidade de informação composta de eventos, acontecimentos e significados atribuídos a uma experiência ou situação (Strauss & Corbin, 1994).

A codificação do material deve obedecer aos seguintes princípios (Maroy, 1995; Strauss & Corbin, 1994):

1) O princípio indutivo, segundo o qual as primeiras categorias de análise deverão emergir dos dados e, posteriormente, ser refinadas e redefinidas, à medida que novos dados vão sendo introduzidos (Fielding, 1993, cit. Machado, 2004);

2) O princípio da parcimónia (Rennie et al., 1988, cit. Machado, 2004), que pressupõe que a partir de categorias emergentes a análise avança para a identificação das relações entre as categorias, tornando-se necessário proceder à sua integração, dando lugar à emergência de categorias mais teóricas e hipóteses interpretativas (redução de dados). As categorias iniciais, de natureza mais descritiva, são progressivamente integradas em categorias de natureza teórica (Machado, 2004);

3) O princípio da codificação aberta, também chamado de codificação inclusiva, opõe-se ao da metodologia de análise de conteúdo clássica, segundo a qual as categorias devem ser mutuamente exclusivas. O princípio da codificação aberta defende que cada unidade de texto (ou análise) pode, e deve, ser atribuída a tantas categorias quantas as possíveis. Este princípio permitiu-nos relacionar categorias e temáticas, dando origem a uma interpretação mais densa dos dados;

4) O princípio da teorização, que indica que o investigador deve procurar integrar o particular no geral, dando conta das invariantes processuais, fazendo ligação a conceitos, avançando com propostas de interpretação.

Como estratégias de validação dos dados recolhidos, recorremos a um Juiz independente que analisou de forma isenta todo processo de codificação. Recorreu-se também à procura sistemática de casos negativos que traduzem uma excepção relativamente à regra emergente, isto é, casos que parecem contrariar as propostas formuladas. A procura activa de casos negativos permite repensar e requalificar as nossas interpretações, conduzindo a um refinamento da análise (Strauss & Corbin, 1994).

CAPÍTULO 7

Apresentação e interpretação dos dados

O material recolhido nas entrevistas foi sujeito aos procedimentos de análise anteriormente explanados e desse tratamento resultou a organização dos dados em 4 grandes temas: Histórias de vitimação; Etapas da trajectória processual; Integração vivencial da trajectória processual; Percepções e significados das mudanças da estrutura sócio-familiar. Estes, dividem-se em 15 categorias de onde emergiram 30 sub-subcategorias.

Na apresentação dos resultados desta investigação optamos por compilar num único capítulo os dados e a respectiva interpretação e discussão de resultados. Pareceu-nos ser este o modelo que melhor traduziria a natureza do material empírico e o carácter hermenêutico que pretendemos imprimir a este estudo. Assim, as categorias serão apresentadas, descritas e definidas, recorrendo-se a verbalizações das crianças entrevistadas que exemplificam e traduzem a definição da categoria, contribuindo para uma visualização e integração mais facilitada do processo indutivo e interpretativo realizado.

A partir da originalidade de cada discurso tentamos formular uma leitura teórica enraizada nas experiências de cada criança, salientando aquilo que ela própria realça e pontua como significativo. No sentido de aprofundar e interpretar de forma integrada e abrangente os dados, apelamos a leituras teóricas efectuadas anteriormente e que se mostraram relevantes e adequadas para a compreensão do posicionamento das crianças. Passaremos, de seguida, à apresentação e interpretação dos dados.

QUADRO II

Apresentação do sistema de categorias resultantes da análise dos dados

TEMAS	CATEGORIAS E SUB-CATEGORIAS		
A. HISTÓRIAS DE VITIMAÇÃO	A1. FORMAS DE VITIMAÇÃO	Vivência do abuso sexual	
		Maus-tratos	
		Vitimação indirecta	
		Outras formas de vitimação	
	A2. DISCURSO DO MEDO	Medo do abusador	
		Medo das consequências da revelação	
B. ETAPAS DA TRAJECTÓRIA PROCESSUAL	B1. CIRCUNSTÂNCIAS DA REVELAÇÃO	Revelar a alguém significativo	
		Porquê revelar	
		As dinâmicas do segredo	
	B2. A DENÚNCIA	Acolhimento das palavras da criança	
	B3. "DILIGÊNCIAS 1" – CONTACTOS COM A POLÍCIA JUDICIÁRIA	Os espaços da interacção	
		Significados do trabalho da Polícia e avaliação da eficácia	
		Experiência relacional e pessoal	Aliança e confiança
			Valorização da participação activa no processo
	B4. "DILIGÊNCIAS 2" – CONTACTOS COM O MINISTÉRIO PÚBLICO/ /TRIBUNAL	Pormenores dos locais	
		Características dos juízes	Função "Penal"
			O poder do Juiz
		Experiências relacionais e pessoais	
	B5. OS EXAMES PERICIAIS: SEXOLOGIA FORENSE E PSICOLOGIA FORENSE	O exame de Sexologia Forense	Espaços da interacção
			Narrativas da experiência corporal: embaraço
			Conforto relacional
		Significados da Perícia Psicológica	
	B6. SIGNIFICADOS DA INTERVENÇÃO DE OUTROS PROFISSIONAIS	Sentimentos de suporte, partilha, apoio e segurança	
		Sentimento de abandono, falta de proximidade, insegurança	
C. INTEGRAÇÃO VIVENCIAL DA TRAJECTÓRIA PROCESSUAL	C1. SENTIMENTOS DE AMBIVALÊNCIA RELATIVAMENTE AO PROCESSO		
	C2. POSICIONAMENTO FACE À PARTICIPAÇÃO	Desejo de Participação Activa	
		Sentimentos destabilizadores: "ter de contar outra vez"	
	C3. VIVÊNCIAS DE DÚVIDA E INSEGURANÇA		
	C4. EXPECTATIVAS/DESEJOS PARA O FUTURO	Desejo de estabilidade familiar	
		Desejo de estabilidade no percurso escolar	
D. PERCEPÇÕES E SIGNIFICADOS DAS MUDANÇAS DA ESTRUTURA SÓCIO- -FAMILIAR	D1. INSTITUCIONALIZAÇÃO	Porquê da institucionalização	
		Ausência de sentimento de pertença	
		Estar seguro	
		Narrativas de separação e desamparo	
	D2. SER ACOLHIDO NUMA FAMÍLIA – A EXPECTATIVA DE RECONSTRUÇÃO FAMILIAR		
	D3. FALTA DE APOIO FAMILIAR	Ausência/negligência da figura materna	
		Separações e fragmentação familiar/processos de vinculação e ruptura	

7.1. Histórias de vitimação

Este tema engloba verbalizações dos entrevistados relativamente às trajectórias de vitimação. Incluem-se referências às dinâmicas de vitimação e ao impacto psicológico destas experiências. Tal como já foi referido no enquadramento teórico, as vítimas de abuso sexual não apresentam um quadro sintomatológico específico (Kendall-Tackett et al., 2001). No entanto, apresentam, tendencialmente, níveis de instabilidade emocional e indicadores psicopatológicos superiores aos das crianças não abusadas. Tendo em conta que a vitimação produz efeitos psicológicos negativos é de esperar que a criança parta para o processo judicial numa condição de fragilidade acrescida, pelo que a abordagem a estes actores deveria ser cuidadosamente preparada (Whitcomb, 2003).

A1. Formas de vitimação

Vivência do Abuso Sexual

Esta sub-categoria diz respeito às dinâmicas da situação abusiva, e às experiências de abuso relatadas pelas crianças:

> *"Eu pensava que ele me fazia isso só a mim... Abusava de mim, metia a pilinha de fora e metia na minha vagina... Eu tinha 6 anos... parou este ano... Ele deitava um líquido branco, doía-me mas eu conseguia suportar as dores (...) ...*
>
> *De vez em quando ele dizia-me que me ia ensinar a ler e, pronto... acontecia... íamos para o quarto da minha mãe, ele mandava-me tirar a roupa, ele não tirava a dele... só metia a coisinha de fora. Punha-se em cima de mim... em cima da minha vagina ficava um líquido branco... não era transparente... era branco... morno. Eu não pensava que ele fazia o mesmo aos meus irmãos... eu dizia muitas vezes que queria ser rapaz porque pensava que ele não fazia isto aos rapazes."*

Mariana, 11 anos

> *"O que me aconteceu foi o mesmo que aconteceu aos meninos da casa pia... foi o que deu no jornal... violar... eu não sabia."*

Sofia, 10 anos

"Ele obrigava-me a fazer relações com a minha irmã e com a mãe dela... não sei se a mãe dela era obrigada, mas eu era... Eu tinha 7 anos e a minha irmã tinha 12.

Também tinha relações com a minha irmã N. e presenciei as relações que ele tinha com ela. Isto acontecia dentro do carro e também no pinhal. Era horrível, ele obrigava-me a fazer coisas à minha irmã."

Tiago, 11 anos

"Ele perguntava se eu queria fazer sexo com ele e eu dizia-lhe que não, só que ele depois obrigou-me... Eu tentava fugir mas ele agarrava-me pelos braços e deitava-se em cima de mim por cima das ervas e metia a pilinha dele dentro da minha vagina..."

Tânia, 9 anos

Maus-tratos

Uma vez que algumas das famílias das crianças que compõem a amostra apresentam múltiplos problemas, em alguns casos, o abuso sexual é "apenas" mais uma das formas de vitimação presentes, coexistindo outras formas de vitimação. Na literatura da especialidade, ser vítima de múltiplas formas de violência é consensualmente considerada uma situação de acrescido risco em termos de desorganização psicológica (Teixeira & Manita, 2001).

"(O meu pai) batia-nos muito."

Mariana, 11 anos

"Lembro-me de viver com a minha mãe e de ela me atirar para o chão com força."

Sofia, 10 anos

"Virava-se à minha mãe e a nós."

Tiago, 11 anos

Vitimação indirecta

Remete para experiências de exposição a violência no contexto familiar, que estava presente em alguns discursos das crianças entrevistadas.

"(o meu pai batia muito) à minha mãe também."
"Ele partia-nos as coisas" "ele andava sempre com uma pistola."

Mariana, 11 anos

"O meu pai batia-me e também à mulher dele e à minha mãe."

Ana, 12 anos

Outras formas de vitimação

Diz respeito à descrição de outras formas de vitimação: a negligência, trabalhos forçados, humilhação.

"O meu pai obrigava-nos a ir para as lixeiras."

Mariana, 11 anos

"O meu pai não me deixava ir à escola. Obrigava-me a trabalhar a apanhar sucata... praticamente fazíamos 20 contos por dia.
Uma vez foi lá a polícia e ela obrigou-me a dizer que eu é que não queria ir para a escola."

Tiago, 11 anos

A2. Discurso do medo

Tal como já tivemos oportunidade de referir, não existe um quadro sintomatológico específico da criança abusada, no entanto, do ponto de vista fenomenológico, a análise dos dados recolhidos permitiu, de alguma forma, perceber quais as raízes do sofrimento da criança exprimidas no seu discurso. A temática do medo surgiu espontaneamente nas narrativas dos entrevistados com alguma intensidade, pelo que destacamos este elemento:

Medo do abusador

"Há noites que eu sonho que ele saiu da prisão que veio de noite ter connosco à colónia... acordei cheia de medo, tão assustada".
"Eu fico revoltada."

Mariana, 11 anos

"Também tenho medo que o meu pai fuja da cadeia ou que o mandem embora... não sei, às vezes podem decidir que ele vem embora..."

Ana, 12 anos

Medo das consequências da revelação

"Tenho isto na cabeça e sempre que acontece alguma coisa eu lembro--me, parece que tenho sempre medo, do que possa acontecer por causa disto."

Sara, 9 anos

O medo, emoção sistematicamente referenciada na literatura dedicada às dinâmicas do abuso sexual de crianças (Finkelhor, 1984; Kendall-TacKett et al., 2001; Manita, 2003), constitui para alguns dos entrevistados uma das principais fontes de desconforto e instabilidade. Muitas vezes associada a elevados níveis de ansiedade, a sensação de medo persistente e reexperienciação do evento traumático pode ser extremamente penosa e vir a configurar um quadro de perturbação de stress pós-traumático (Teixeira & Manita, 2001), pelo que a intervenção nestas situações deve ser considerada prioritária.

7.2. Etapas da trajectória processual

Esta categoria diz respeito ao percurso processual em que a criança é envolvida a partir do momento em que o abuso sexual é denunciado a uma entidade judicial. De acordo com a literatura da especialidade, é frequente haver um período de ocultação do abuso que decorre das características do próprio fenómeno de vitimação mas, sobretudo, das dinâmicas de segredo (Furniss, 1992). A partir do momento em que o abuso é desocultado, pode haver também um período de tempo mais ou menos longo até à denúncia. Isto é particularmente visível nos casos de abuso intrafamiliar (Bruck et al., 2002), dadas as consequências imediatas e a longo prazo que a denúncia pode ter na vida da criança e da sua família.

Decidir efectivar uma queixa-crime é uma questão que levanta muitas dúvidas, especialmente quando a queixa parte de um familiar. Na maioria das situações, a criança não é envolvida nesta decisão e, por isso, o seu conhecimento acerca do desenrolar do processo adquire-se à medida que a Justiça vai solicitando a presença da alegada vítima. A partir do momento em que a queixa é efectuada e se dá início ao procedimento judicial, a criança percorre uma trajectória processual que cruza, como já foi referido anteriormente, decisões que estão ligadas ao processo-crime e decisões tomadas no âmbito do processo de promoção e protecção. Assim, neste cruzamento de resoluções judiciais, a vítima de abuso sexual passa por um conjunto de experiências pessoais, familiares e sociais que exigem uma elevada mobilização de recursos (emocionais, cognitivos e instrumentais) que lhe permita lidar com as sucessivas vivências de forma adaptativa e construtiva.

Esta categoria engloba narrativas acerca dos significados de cada uma das fases do processo desde que o abuso sexual é desocultado. Inclui, por isso, referências aos actores envolvidos e às suas funções, aos locais e contextos físicos onde decorrem as interacções, o tipo de relação estabelecido, o grau de envolvimento com a criança e as expectativas desta relativamente à intervenção dos actores envolvidos, o impacto de cada uma das etapas desta trajectória ao nível das relações significativas, ao nível da esfera emocional e afectiva e do percurso de vida em geral.

B1. Circunstâncias da revelação

Esta categoria refere-se às circunstâncias em que decorre a revelação do abuso sexual. Como já tivemos oportunidade de salientar, a desocultação do abuso é um processo nada pacífico para a criança. Incluem-se nesta categoria o conjunto de verbalizações que remetem para o contexto em que foi feita a revelação e a(s) pessoa(s) que a criança "elegeu" para partilhar a sua história. Esta pessoa, em princípio, será alguém em quem a criança deposita expectativas positivas, pelo que o seu papel na vida da vítima é fundamental.

Revelar a alguém significativo

"As primeiras a saber foi a Prof. e a psicóloga, foram as únicas que acreditaram em mim e me ajudaram."

Ana, 12 anos

"Contei à minha psicóloga porque gosto muito dela."

Sofia, 10 anos

"Eu contei à minha amiga Joana e ela contou à minha professora... depois a professora foi minha amiga e falou comigo."

Rita, 8 anos

Estes excertos demonstram que a pessoa a quem é feita a revelação é, em princípio, alguém significativo do ponto de vista afectivo, alguém em quem a criança confia e espera que acredite nela. Nem sempre é entre os elementos da família, nuclear ou alargada, que a criança escolhe a pessoa a quem vai relatar a sua história. Cerca de metade das crianças da amostra optaram por revelar a um elemento fora da família:

> *"Contei à minha professora porque lá em casa ninguém ia acreditar."*
>
> **João, 10 anos**

Este resultado vem ao encontro do que está descrito na literatura acerca do facto de o suporte e apoio oferecidos pela família nuclear nem sempre serem ajustados às necessidades da criança, especialmente nos casos de abuso intrafamiliar. A forma como os familiares lidam com a revelação é muito variável, como podemos ver nos exemplos seguintes.

> *"Contei à minha mãe e ela acreditou em mim... mas também ela já sabia porque uma vez tinha visto, só que não fez nada, disse que ia falar com ele mas não sei se chegou a falar..."*
>
> **Cátia, 10 anos**

> *"Eu disse à minha mãe e ela disse para eu ficar calada para não estragar a vida ao meu irmão..."*
>
> **Maria, 12 anos**

> *"A minha mãe e a L. (companheira do pai) disseram que isso era impossível, acharam que eu tinha inventado isto!"*
>
> **Ana, 12 anos**

O acolhimento que é feito ao discurso da criança, muitas vezes, não é compatível com as expectativas que a criança deposita quando faz a revelação. O conjunto de mitos associados às capacidades da criança para distinguir verdade e mentira, a dificuldade em lidar com a notícia e a reserva em aceitar que um dos familiares pode ser um abusador, contribuem para o facto de a criança nem sempre ser escutada e "acreditada" pelos seus familiares. Aceitar e integrar esta experiência é uma tarefa extremamente complexa para a família, pois impõem-se várias decisões que poderão alterar de forma decisiva a estrutura familiar (London et al., 2005).

Porquê revelar

Nesta sub-categoria incluem-se as razões apresentadas pelas crianças para romper com o secretismo ligado ao abuso sexual. Encontram-se nesta categoria as motivações que levam a criança a revelar a situação de abuso.

Os estudos que se centram nesta questão demonstram que as motivações para desocultar são frequentemente "vencidas" pelos factores que levam à manutenção do segredo. É neste "jogo" de avanços e recuos que a revelação acontece, sendo, na maioria das situações, um processo gradual, através de "revelações parciais" (Furniss, 1992).

> *"Quando contei era para desabafar, não era para acontecer ele ir preso e isso, era porque já não aguentava mais... fiquei aliviada mas também foi mau..."*
>
> **Ana, 12 anos**

No excerto anterior está bem presente a ambivalência que caracteriza a dinâmica da revelação: por um lado, a criança quer contar, por outro, tem receio de não acreditarem nela e sente culpa por ter "acusado" o abusador. Este excerto enquadra-se naquilo que Finkelhor (1984) designou por "sensação de culpa" experienciada pela vítima relativamente ao abuso.

O desespero e a impotência decorrentes da vitimação podem, em alguns casos, ter um efeito mobilizador em termos de revelação. A sensação de que "já não aguentava mais", descrita por Tiago de 11 anos, cujo pai o abusava sexualmente desde os 6 anos de idade, ilustra mais nitidamente como, em certos casos, só depois de muito tempo e de ter atingido um nível de desconforto insuportável, a criança consegue procurar ajuda.

> *"Contei à minha mãe porque já estava farto daquilo."*
>
> **Tiago, 11 anos**

Em geral, um período de tempo longo de manutenção de segredo e as dificuldades de revelação estão mais associados a casos de abuso intrafamiliar (Furniss, 1992; London et al., 2005).

As dinâmicas do segredo

Embora a revelação venha a acontecer mais cedo ou mais tarde, é certo que algumas crianças nunca revelam o abuso. As taxas de ocultação e desocultação das situações de vitimação sexual são, naturalmente, extremamente difíceis de estimar. Os estudos apresentam números diferentes, apontando para percentagens que oscilam entre os 40 e os 60% de situações que não são sinalizadas pelas vítimas ou, pelo menos, não o são durante a infância (London et al., 2005). Nestas situações, a vitimação é descoberta através de sinais físicos, queixas diversas, porque alguém viu ou se apercebeu e confrontou a criança, o abusador ou alguém da família. Entre as razões mais frequentes para esconder o abuso estão o medo das ameaças feitas pelo agressor, a sensação de que ninguém vai acreditar (Summit, 1983) e o conjunto de factores internos e externos de segredo, expostos no enquadramento teórico.

Esta sub-categoria retrata, a partir da experiência dos entrevistados, as dinâmicas de segredo envolvidas no abuso, as razões que a criança encontra para manter o segredo, as estratégias usadas pelo alegado abusador para manter o segredo e também a forma como a criança dá sentido e monitoriza essas estratégias.

"Ele dizia para eu não contar a ninguém, se não matava-me."

Mariana, 11 anos

"Eu não contava porque o meu avô dizia que depois me batiam por eu dizer asneiras."

Sofia, 10 anos

"Sentia muito medo porque ele ameaçava que me matava e andava sempre com uma pistola no carro... Tinha muito medo que ele me matasse."

Tiago, 11 anos

"Eu nunca tinha feito queixa à minha mãe porque já sabia que ela ia dizer que não fazia mal... depois disse à minha avó e ela disse para eu não dizer nada a ninguém."

Rita, 8 anos

"Eu queria contar mas tinha medo que a minha mãe me ralhasse e que o meu pai ficasse de mal comigo... como ele é assim meio coiso... Tinha medo que ele com a bebedeira me batesse... ele disse para eu não contar nada à minha mãe."

Cátia, 10 anos

"Ele dizia para eu não contar nada a ninguém. Eu não contei ao meu pai porque tinha vergonha."

João, 10 anos

"Ele dizia-me que não valia a pena contar porque ninguém ía acreditar em mim... e eu não contei."

Teresa, 11 anos

"Ele perguntava se eu queria fazer sexo com ele e eu dizia-lhe que não só que ele depois obrigou-me... Dizia que se eu não fizesse isso com ele, ele me apanhava e me batia... Eu não contei porque tinha medo que o meu pai me batesse, ele não costumava bater-me mas sei lá... podia pensar que a culpa era minha."

Tânia, 9 anos

B2. A denúncia

Após o conhecimento de uma situação de vitimação, a denúncia formal a uma autoridade judiciária pode ser o passo seguinte. Apesar da crescente visibilidade que a vitimação infantil tem vindo a conquistar, a concretização de uma denúncia não é uma decisão simples, pelo que as cifras negras da criminalidade contra as crianças no contexto familiar são elevadas (Finkelhor & Berliner, 2001). Nos casos de abuso sexual de uma criança, no ordenamento jurídico actual, o procedimento criminal não depende de queixa, pelo que basta a simples comunicação às autoridades para que o processo de investigação seja accionado. Dadas as especificidades do abuso sexual intrafamiliar, a abordagem legal envolve uma dificuldade acrescida, já que levanta a necessidade de gerir um conjunto de conflitos no seio da família, exigindo uma reorganização das suas relações e das dinâmicas. O significado deste marco, do ponto de vista da criança, tem diferentes expressões. Englobadas nesta categoria encontram-se as verbalizações relativas às circunstâncias em que decorreu a denúncia (por exemplo, onde se dirigiu, quem fez a denúncia, o que é que lhe foi pedido) ao tipo de acolhimento que a criança sentiu e ao sentido que deu a esta experiência.

Acolhimento das palavras da criança

Sintetiza o discurso espontâneo da criança acerca da forma como foi abordada pelos profissionais que receberam a queixa, a percepção e avaliação que é feita desta experiência.

"Fui com a minha mãe à guarda e disse mais ou menos o que é que tinha acontecido."

Alexandre, 9 anos

"O meu tio foi fazer queixa ao agente F., depois ele foi falar comigo e eu contei-lhe tudo... Quando disse isto e depois fiz a queixa na polícia fiquei mais aliviada."

Tânia, 9 anos

Efectivamente a exteriorização do sofrimento, para algumas crianças, parece adquirir uma importância ainda mais elevada quando sentem que têm o apoio das autoridades. No entanto, persiste na maioria dos casos, a sensação de desconforto por ter de abordar a questão com um desconhecido.

"Primeiro estava com vergonha, mas depois o polícia disse para falar devagar e eu disse o que aconteceu..."

Maria, 12 anos

Neste caso, o desconforto inicial foi rapidamente ultrapassado, a partir do momento em que o profissional que recebeu a criança adoptou uma atitude de compreensão e aceitação das dificuldades da criança.

"Eu nunca tinha ido à polícia, fui lá sozinho, eles foram fixes e disseram que eu tinha feito bem em contar tudo..."

Paulo, 11 anos

Muitas vezes, é esta a primeira oportunidade que a criança tem de contactar com o sistema judicial. A literatura sobre este assunto aponta para um grande desconhecimento, por parte da criança, sobre o mundo da Justiça (Flin et al., 1989; Saiwitz, 1989), o que pode conduzir a uma situação de acrescida ansiedade quando a criança se encontra na expectativa de ter de se dirigir a um polícia. A atitude deste profissional é particularmente relevante, uma vez que "desenha" algumas das expectativas que a criança constrói acerca dos restantes procedimentos judiciais (Eastwood et al., 1999).

B3. "Diligências 1" – Contactos com a Polícia Judiciária

Após a denúncia segue-se um conjunto de outras diligências que não seguem sempre o mesmo roteiro, sendo definidas e monitorizadas à medida das necessidades da investigação e também das condicionantes a que esta está sujeita. Os contactos com a Polícia Judiciária são um procedimento muito comum neste tipo de investigação criminal. Da experiência de contacto com a Polícia, ressaltam do discurso dos entrevistados três dimensões: a descrição dos espaços onde decorre a interacção, o significado atribuído ao trabalho realizado pela polícia e à sua eficácia e uma terceira dimensão que tem a ver com o significado da experiência pessoal e relacional.

Os espaços da interacção

Do discurso dos sujeitos emergiram várias descrições dos contextos físicos, o que está de acordo com a valorização que é feita pelas crianças desta idade às características físicas do meio envolvente, ao aspecto exterior, etc. Relativamente a este ponto, os resultados do nosso estudo vão ao encontro dos de outras investigações (Chenevière et al., 1997; Saywitz, 1989). A valorização destas dimensões mais concretas parece, pois, ser um aspecto importante na experiência da criança.

> *"Falava com a inspectora em vários sítios, na polícia estive lá...era um prédio grande com uma espécie de alarme para não se poder levar armas lá para dentro."*
>
> **Ana, 12 anos**

A importância atribuída a alguns pormenores do contexto físico que remetem para materiais, objectos ou ícones infantis é valorizada muito positivamente. A existência deste tipo de elementos no local onde a criança é acolhida parece ainda desempenhar uma função securizante e atenuar o estigma de "caso único".

> *"Na polícia era uma esquadra, tinha assim tipo uma salinha e o polícia perguntou o que se estava a passar... devia ser um sítio onde vão assim crianças porque tinha um desenho pendurado na parede e tinha um cartaz com crianças."*
>
> **Cátia, 10 anos**

> *"Foi assim numa esquadra e tinha um escritório. Tinha lá assim uns quadros com crianças a dizer que era para fazer queixa quando alguém fizesse mal."*
>
> **João, 10 anos**

A presença de objectos ou trabalhos feitos por outras crianças transmite a sensação de que outras crianças já terão estado no mesmo espaço, de que aquele local é apropriado para a receber, o que parece facilitar a colaboração. O facto de a interacção decorrer num espaço familiar e confortável (ir a casa da criança, por exemplo) também tem um significado positivo.

Significados do trabalho da Polícia e avaliação da eficácia

Estas verbalizações que têm a ver com a valoração e apreciação da eficácia e competência que a criança atribui aos agentes e respectivo grau de segurança e protecção sentido.

> *"Acho que os polícias trabalham para os Juízes poderem mandar as pessoas para a cadeia ou não."*
>
> **Raquel, 8 anos**

Neste excerto ressalta a ideia de que a investigação criminal serve sobretudo para punir o transgressor, o que é compatível com os dados de outras investigações que cruzam os conhecimentos e representações acerca do contexto judicial com as características desenvolvimentais das crianças. Tal como na maioria dos estudos referidos no enquadramento teórico, também no nosso trabalho as crianças valorizam sobretudo as acções da polícia que levam à punição do transgressor. Não obstante, enunciam-se algumas dimensões que remetem para a atribuição de um outro sentido à acção policial, na perspectiva da criança vítima: o sentido de protecção. A sensação de protecção parece depender, por um lado, da eficácia com que a polícia encontra o agressor (o que leva a criança a sentir-se mais segura), por outro, do padrão de interacção que o profissional estabelece com a criança (categoria seguinte).

> *"A polícia trabalha muito, a qualquer hora do dia ou da noite para apanhar as pessoas que fazem mal, para ajudar, prontos, assim quem está como eu...também outras pessoas..."*
>
> **Cátia, 10 anos**

> *"Os polícias servem para prender ladrões e criminosos."*
>
> **Sara, 9 anos**

"O que o meu tio fez é um crime e a polícia pergunta as coisas todas para saber do caso."

João, 10 anos

"Têm um carro normal, é por causa de prenderem os criminosos sem eles darem conta."

Alexandre, 9 anos

"Eram à mesma da polícia só que não tinham farda, andam como as pessoas normais.
Como eles já tinham prendido o meu pai, já estava mais à vontade."

Mariana, 11 anos

"Ele anotou tudo direitinho, devia ser para depois poder contar aos Juízes e prendê-lo."

Sofia, 10 anos

Experiência relacional e pessoal

Esta sub-categoria refere-se à dimensão relacional do envolvimento com a polícia. O discurso das crianças entrevistadas no nosso estudo confirma os dados da investigação sobre a importância de abordar a criança vítima de forma adequada para evitar a vitimação secundária (Manita, 2003). Nas narrativas que remetem para a experiência pessoal e relacional emergiram duas categorias: uma diz respeito à construção de uma relação de confiança e aliança com os polícias, confiança, segurança. Outra diz respeito à forma como a criança se sentiu valorizada pela sua participação.

Aliança e confiança

A maioria das crianças entrevistadas atribui ao contacto com a Polícia Judiciária um significado positivo, caracterizado por sentimentos de confiança e proximidade, o que denota a adopção de uma atitude securizante através da criação de uma aliança com a criança.

"Depois a inspectora foi espectacular... levou-me a todo o lado... se não fosse ela convencer-me a fazer estas coisas todas...
"Ela tem-me levado no carro dela para todos os sítios onde eu tenho de ir, é muito fixe... não sei... parece que é quase uma amiga que me ajuda nisto..."

Ana, 12 anos

"Eu também falei com polícias, eram simpáticos... escreveram tudo o que eu disse."

João, 10 anos

"Eles vão assim a casa das pessoas como se fosse só para conversar... eram fixes à brava... Eu gostei de falar com eles."

Alexandre, 9 anos

Salientamos que a análise das respostas remete para uma percepção globalmente positiva relativamente ao contacto com a Polícia Judiciária e à forma como a criança se sentiu tratada, como foi securizada e acompanhada ao longo do processo. A ideia de continuidade relacional, expressa na resposta da **Ana**, demonstra a importância de criar uma relação de confiança para que a criança vivencie esta etapa de forma mais positiva e construtiva.

Valorização da participação activa no processo

O facto de a criança ser chamada a participar e intervir directamente no processo, surge na narrativa das crianças como um aspecto positivo, desde que se sintam reforçadas pela sua participação.

"Eles foram muito simpáticos, agradeceram porque eu os ajudei a fazer o trabalho deles, para descobrir as coisas."

Cátia, 10 anos

"Eles disseram-me que precisavam muito de falar comigo para descobrirem tudo..."

João, 10 anos

"Depois deixaram um cartãozinho com o nome e o número de telefone para eu lhes procurar se quisesse dizer-lhe mais alguma coisa, mas eu não telefonei porque não me lembrava de mais nada; mas agora também não sei o que aconteceu depois, se calhar já sabem tudo e pronto, não sei, agora devem ir ao Juiz, não é?"

Alexandre, 9 anos

Estes excertos reflectem a importância que a criança atribui ao contacto que estabeleceu com estes actores e à importância destes na condução do seu processo. As percepções das crianças estão de acordo com as directrizes internacionais sobre a participação das vítimas de abuso sexual no processo judicial propostas pela "International Save the Children Alliance" no estudo "Child abuse and Adult Justice". Outra questão que nos parece merecer destaque diz respeito ao facto de a valorização positiva deste envolvimento directo parecer estar intimamente ligada ao padrão de interacção que a criança estabeleceu com os inspectores da Polícia Judiciária. Assim, o significado que a experiência de contacto com a polícia assume, parece depender do grau de eficácia percebido, da qualidade da interacção estabelecida, da proximidade relacional e da forma como a criança foi valorizada pela sua participação.

B4. "Diligências 2" – Contactos com o Ministério Público/Tribunal

A intervenção do Ministério Público pode ocorrer durante a fase de investigação e/ou na fase de julgamento. O grau de contacto entre a vítima e o Magistrado é muito variável dependendo, em parte, da opção do responsável pelo inquérito ou pela medida de protecção (nos casos em que, paralelamente ao processo crime, está em curso um Processo de Promoção e Protecção).

Um dos dados interessantes emergentes no processo de categorização foi a ausência de uma distinção, por parte das crianças, entre a figura do "Procurador" e a figura do "Juiz". O termo "Procurador" não emergiu espontaneamente na narrativa de nenhum dos entrevistados, tal como na maioria dos estudos sobre o conhecimento que as crianças possuem acerca do sistema de Justiça (Chenevière et al., 1997; Flin et al., 1989; Kourilsky, 1986; Saywitz, 1989). Os dados da nossa investigação revelam que o facto de as crianças estarem envolvidas directamente num processo judicial não parece ser sinónimo de um maior nível de conhecimentos sobre o sistema (note-se que todos os estudos anteriormente referidos utilizaram amostras de crianças não envolvidas em processos judiciais).

Como vimos, na maioria das trajectórias por nós analisadas, as diligências de recolha de prova foram efectuadas com colaboração com a Polícia Judiciária, pelo que as crianças entrevistadas contactaram sobretudo com os Inspectores e não com o responsável pelo inquérito. O contacto da criança com o Magistrado do Ministério Público acontece, por isso, ou na fase de julgamento e, neste caso, a distinção entre esta figura e a do Juiz é ainda mais difícil de perceber pela criança, ou quando a criança é chamada a intervir no Processo de Promoção e Protecção. Embora a participação da criança esteja prevista na Lei de Protecção de Crianças e Jovens em Perigo (artigo 12.º, alíneas 1 e 2[10]), nem sempre se concretiza o que leva, por um lado, a que a criança não conheça o estatuto e papel dos profissionais envolvidos e, por outro, à percepção de que o processo judicial é um fenómeno que a vítima não protagoniza. Assim, à excepção de um caso, todos os entrevistados desconheciam a diferença entre o papel do Magistrado do Ministério Público e o Magistrado Judicial, pelo que as categorias que se seguem, por serem tradutoras do discurso dos sujeitos, não contemplam esta distinção.

Nesta categoria estão contempladas as referências da criança à sua experiência de contacto com o dispositivo jurídico na figura dos Magistrados, às características, papel e competências atribuídas a estes actores e aos contextos físicos onde decorre a interacção.

Pormenores dos locais

Tal como no contacto com a polícia, as crianças valorizam, na sua experiência de "ir ao tribunal", o espaço físico em que este acto se desenrola. Características desenvolvimentais como a valorização de elementos concretos e a importância dos pormenores físicos, associadas ao desejo de confrontar as expectativas criadas com a realidade, parecem contribuir para que este aspecto seja tão valorizado pelos entrevistados.

> *"Já fui ao tribunal... fomos na carrinha do colégio do meu irmão... estava lá a família "do outro"... levaram-nos logo para uma sala onde estavam uns Srs. a trabalhar... era uma sala com computadores e um balcão e muitos papéis e estavam uns Srs. a escrever e nós ficámos à espera."*
> *"Sentámos-se no chão."*
> *"Fui assim a uma espécie de escritório... estava um sr. e outra a escrever."*

Mariana, 11 anos

---

[10] Alínea 1. *"Os Estados Partes garantem à criança com capacidade de discernimento o direito de exprimir livremente a sua opinião sobre questões que lhe respeitem, sendo devidamente tomadas em consideração as opiniões da criança, de acordo com a sua idade e maturidade."*

Alínea 2. (...) *"É assegurada à criança a oportunidade de ser ouvida nos processos judiciais e administrativos que lhe respeitem, seja directamente, seja através de representante ou de organismo adequado, segundo as modalidades previstas pelas regras de processo da legislação nacional."*

"Era uma sala com um escritório e tinha um gravador de cassetes... era assim tipo um escritório."

Tânia, 9 anos

"Era um sítio com muitos corredores e tinha muitas portas... era muito escuro..."

Paulo, 11 anos

"Os tribunais são assim sítios em que está toda a gente de pé encostada às paredes nos corredores e nas escadas e depois vêm senhoras que falam alto e chamam pelos nomes das pessoas que estão encostadas nas paredes."

Raquel, 8 anos

Algumas das descrições produzidas por crianças que estiveram no tribunal acentuam a ideia de que, por vezes, os espaços estão concebidos apenas em função dos adultos (Diesen, 2002; Kerr, 2003), levando a que a criança sinta um desconforto adicional. A criação de um espaço redimensionado, tendo em conta o crescente envolvimento de crianças no contexto judicial, é uma necessidade sentida pela maioria dos países da Europa (Diesen, 2002).

Características dos "Juízes"

Esta sub-categoria inclui o conjunto de percepções e significados associados ao trabalho, funções, estatuto e atributos dos Juízes. Engloba igualmente referências que traduzem a natureza dos conhecimentos que as crianças têm acerca destes profissionais e das suas tarefas. As narrativas dos entrevistados enunciam a presença de noções que traduzem as "funções" e a caracterização do Juiz seguindo um critério de hierarquia de poder ("o poder do Juiz").

Função Penal

"Os Juízes servem para mandar as pessoas para a prisão quando fazem asneiras."

Sofia, 10 anos

"Os Juízes fazem perguntas, ouvem as pessoas e depois mandam prender ou dão castigos."

Raquel, 8 anos

Os excertos anteriores remetem para uma função essencialmente punitiva, que, de resto, é indicada na maioria dos estudos realizados com crianças desta faixa etária. A causalidade directa com que a criança interpreta as dinâmicas processuais justifica, em parte, este tipo de percepções:

"As pessoas fazem asneiras, vão ao tribunal e o Juiz castiga-as."

João, 10 anos

Este tipo de raciocínio, próprio de um estádio pré-convencional (Lourenço, 2002), associado a uma perspectiva de Justiça assente apenas na Justiça Penal, reduz a função do Juiz a um papel condenatório (Saywitz, 1989). Um dado interessante, e que diferencia as percepções das crianças que já tiveram contacto com o tribunal das que nunca tiveram, diz respeito à centralidade que a função "fazer perguntas" assume.

Relativamente a esta sub-categoria *"Função Penal"*, os dados do nosso estudo revelam que as crianças que contactaram com Magistrados, à excepção de uma entrevistada, não demonstram qualquer noção que remeta para a função "protectora" destes profissionais. Isto poderá dever-se, por um lado, a factores desenvolvimentais (já referidos no capítulo IV do enquadramento teórico) e, por outro, ao facto de as crianças não terem percebido, na atitude dos "Juízes" com quem contactaram, que esta função também faz parte das suas tarefas. Talvez por este conjunto de razões as crianças tenham dificuldade em perceber esta função protectora e perspectivem o papel destes profissionais de forma paradoxal: por um lado, têm muito poder na condução dos processos, por outro, parecem estar muito distantes da criança.

"Lá no tribunal só sabem o que as pessoas vão lá dizer, mas não sei se as crianças podem entrar num tribunal."

Rita, 8 anos

"Os Juízes querem saber o que se passa para depois mandar prender... mas não gostam que fale toda a gente ao mesmo tempo... não gostam de barulho."

Paulo, 11 anos

Excepcionalmente a função protectora pode ser sentida. No entanto, parece ser rapidamente esbatida pelo facto de ter, como contrapartida, o "recontar" da história de vitimação.

*"Nos tribunais há uns Srs. que nos defendem e também nos fazem mui-
tas perguntas e depois contamos tudo outra vez e assim estamos sempre,
sempre a lembrar das coisas más."*

Sara, 9 anos

O padrão de interacção marcado pela falta de proximidade parece
reforçar, ainda mais, um conjunto de crenças (algumas delas distorcidas)
acerca das funções dos Juízes e do seu papel (Warren-Leubecker et al.,
1989), tal como podemos verificar através do seguinte excerto:

*"Fui ao tribunal, fui lá dizer a história toda... o que se tinha pas-
sado... falei com um senhor mas não era Juiz porque não estava vestido
de preto e estava a escrever no computador... sei que não era um Juiz porque os Juízes mandam com martelos em cima da mesa... este devia ser um
técnico de informática..."*

Paulo, 11 anos

O excerto anterior reflecte a ausência de uma explicação prévia dos
procedimentos, a falta de estabelecimento de uma relação de confiança,
imprescindível para que a criança se sinta confortável e segura na sua participação. O facto de o profissional que aborda a criança se apresentar,
dizer o seu nome e a sua função, explicar quais são as suas tarefas e o que
é que espera da criança, são procedimentos simples de concretizar e que
facilitam bastante a integração da criança no contexto e na tarefa, dando-
-lhe ainda uma sensação de maior apropriação da experiência.

A ausência de conhecimento acerca do interlocutor, a falta de um
contexto relacional securizante poderá ainda ser inibitório para a vítima,
comprometendo a sua prestação e o seu testemunho (Goodman et al.,
1992).

O Poder do Juiz

Fortemente associadas às características dos magistrados estão os
estatutos hierárquicos, sendo atribuida à figura do "Juiz" uma posição hierárquica superior à de todos os outros intervenientes. Factores culturais
e educacionais parecem explicar estas representações em crianças não envolvidas em processos judiciais (Chenevière et al., 1997; Kourilsky, 1986;
Puysegur & Corroyer, 1987). Nas crianças que participaram no nosso estudo, os significados enraizados nas vivências remetem para um poder que
transcende a condução dos trâmites processuais. Unanimemente, os parti-

cipantes centralizam na figura do "Juiz" todo o poder na condução do processo judicial e, em parte, do projecto de vida da própria vítima.

"Eu queria que o Juiz levasse o meu tio para longe e eu voltava para a minha mãe... é só ele que pode fazer isso."

João, 10 anos

"É o Juiz que decide tudo, mas eu falei com uma pessoa e tinha uma empregada a escrever."

Raquel, 8 anos

"Ele disse que era uma espécie de Juiz só que era só de defender as crianças...há outros que são diferentes... acho eu que são os que mandam mais (os que são diferentes) ... mas pronto, aquele queria saber tudo, tudo, tudo."

Mariana, 11 anos

"Os Juízes mandam nos polícias... Acho que servem para mandar prender os que a polícia leva lá ao tribunal..."

Teresa, 11 anos

"É o Juiz que decide o que vai fazer..."

Alexandre, 9 anos

"O Juiz é que manda na minha vida, ele é que vai decidir o que é que vai acontecer comigo... agora tenho de esperar que ele decida."

Tiago, 11 anos

Como podemos ver nos excertos discursivos transcritos, para as crianças entrevistadas no nosso estudo, o "Juiz" simboliza a pessoa que é responsável por "tudo o que vai acontecer", o que confere a estes profissionais, pelo menos a partir da "voz" da vítima, uma responsabilidade acrescida.

Experiências relacionais e pessoais

Esta subcategoria engloba as narrativas dos "encontros" da criança com os Magistrados e a valorização desta interacção. A vivência desta situação parece adquirir um sentido negativo quando a criança sente que foi tratada com distância e quando a sua colaboração não é devidamente contextualizada. O excerto que se segue ilustra a forma como as crianças se podem sentir perante circunstâncias que fazem parte do quotidiano dos tribunais (adiamentos de audiências, atrasos, etc), perante a falta de disponibilidade relacional dos profissionais e, acima de tudo, perante a ausência de respostas para as suas angústias:

"Depois já estávamos fartos e sentámos-se no chão e uma Sra. disse se queríamos escrever um bocadinho e nós dissemos que sim e foi quando chegou outro e disse que afinal era para ir embora... Foi uma seca... se era para isso era melhor ficar na escola... Depois disseram para ir para o carro e ainda ficamos lá um ror de tempo à espera enquanto a minha mãe falava com a Dra.... chiça... eu já estava farta... Depois vieram e nem disseram nada...puseram-me no colégio e passado uns dias fui lá outra vez... Tive de estar ali outra vez, contar tudo... estava cheia de vergonha... o que eu queria era dizer-lhe onde é que queria morar, mas ele só fazia perguntas sobre o meu pai e sobre o que se passou... Eu até lhe disse que o que se passou era o que eu já tinha dito aos srs da polícia... não havia mais nada para dizer... Depois eu pensei que ele ia dizer o que é que ia acontecer, se eu ia para a minha mãe e isso, e perguntei se ele me ia deixar ficar no lar e ele disse que isso não era com ele... e prontos... agora ainda não sei..."

Mariana, 11 anos

Em traços gerais, neste excerto podemos destacar várias fontes de desconforto: a ausência de um espaço adequado para receber a criança, a ausência de informação acerca das acções que se vão desenrolar, a frustração de expectativas, o desconforto de ter de contar outra vez perante um estranho uma situação traumática, a expectativa de uma resolução para o seu projecto de vida e consequente decepção.

O sentido atribuído a esta experiência pode, contudo, delinear-se de uma outra forma, mais positiva e construtiva, se a atitude do Magistrado se caracterizar por uma maior proximidade e envolvimento, como aconteceu nos casos seguintes:

"Já fui ao tribunal falar com duas Juízas, fizeram-me perguntas e eu contei aquilo que já tinha dito ao sargento, mas elas disseram que eu tinha de dizer outra vez para ficar tudo lá no tribunal e gravaram tudo o que eu disse e no fim disseram que eu tinha ajudado muito."

Tânia, 9 anos

"Eu gostei muito de ir falar com a Dra. do tribunal... ela até tinha um tipo de uma aparelhagem que gravava a minha voz e depois até havia

uma Sra. a escrever o que eu dizia que era para ninguém dizer que eu dizia outras coisas."

Raquel, 8 anos

O facto de a colaboração da criança ser valorizada imprime a esta experiência um sentido de maior controlo da situação, sugerindo que a criança sente um maior nível de protagonismo na condução do processo.

B5. Os exames periciais: Sexologia Forense e Psicologia Forense

Uma das etapas da trajectória processual que conta, inevitavelmente, com a participação directa da criança, diz respeito às perícias que frequentemente são solicitadas. A prova pericial, no domínio da sexologia forense e da psicologia forense, não é obrigatória, ou seja, em princípio apenas tem lugar quando se entende que são necessários dados que só podem ser fornecidos através do exame realizado por um perito em determinada área. No primeiro caso, importa pesquisar eventuais sinais compatíveis com a ocorrência de abuso sexual, no segundo caso, importa, sobretudo, como atrás vimos, avaliar as capacidades de testemunho da criança, ou, por outras palavras, a fiabilidade/veracidade do seu testemunho. Poderá ser também solicitado ao psicólogo forense que se pronuncie sobre o impacto psicológico da vitimação. Esta categoria comporta as descrições construídas a partir das vivências das crianças nos cenários dos exames periciais.

O exame de Sexologia Forense

Dadas as especificidades do abuso sexual enquanto forma de mau-trato, a perícia médico-legal afigura-se um procedimento rotineiro, apesar de, como já tivemos oportunidade de referir, o resultado da grande maioria dos exames não ser conclusivo. O facto de, na maioria dos casos de abuso, ocorrer um longo hiato de tempo entre o episódio abusivo e a revelação, faz com que se pondere a necessidade de realizar este exame com carácter urgente, uma vez que já se perderam vestígios importantes. De qualquer forma, apesar destas limitações, o exame físico continua a ser uma prática comum nos casos em que se investiga um crime sexual contra crianças, pelo que uma grande parte das crianças da amostra foi submetida a esta experiência.

Espaços da Interacção

O cenário onde se desenrolam as acções volta a surgir espontaneamente no discurso dos sujeitos, pelo que é de admitir que esta dimensão é muito significativa para as crianças.

Nas descrições apresentadas, denota-se uma clara diferenciação entre o contexto médico forense e os contextos clínicos/médicos a que a criança está habituada, tal como podemos ver a partir dos seguintes exemplos:

"Era um sítio com muitas salas. Era tipo um centro de saúde mas era mais pequeno e não tinha enfermeiros, nem sítio para pesar."

João, 10 anos

"Era uma Sra. médica e tinha uma cama de ter filhos."

Mariana, 11 anos

"Fui ao hospital mas era um sítio à parte, especial para estes casos..."

Maria, 12 anos

Algumas das crianças destacam elementos do espaço envolvente como critério de diferenciação, apontando a proximidade a ícones relacionados com a morte, funerais, denunciando uma sensação de estranheza.

"Era assim um sítio com vários consultórios, também tinha carros de funeral cá fora, era esquisito... no consultório daquela médica havia bonecos e alguns desenhos das crianças que vão lá."

Ana, 12 anos

No excerto anterior, o contraste entre o exterior e o interior, marcado pela presença de ícones infantis sugere algum conforto, comparativamente à imagem negativa do espaço exterior.

"Depois fui fazer uns exames a um sítio que acho que é ao pé da morgue... quando morrem pessoas envenenadas ou assassinadas vão para lá..."

Cátia, 10 anos

Neste excerto está presente a ligação da Medicina Legal à ideia de morte, tão enraizada na nossa cultura. A conotação negativa que este espaço tem, embora seja atenuada com algumas características de conforto no interior, poderá ser um indicador de uma necessidade de redimensionar os locais onde estes exames são realizados, uma vez que, numa situação de fragilidade, um dos aspectos que proporciona um maior ajustamento é, precisamente, a escolha de um local agradável e adequado às características da vítima.

Narrativas da experiência corporal: embaraço

O exame físico no âmbito da sexologia forense engloba um conjunto de procedimentos que podem ser sentidos como intrusivos por parte da criança (Gully et al., 1999; Saywitz et al., 1991), especialmente por crianças abusadas sexualmente (Diesen, 2002). As especificidades deste exame, o contexto em que decorre e a diferença sentida pela criança, relativamente aos restantes actos médicos com os quais está familiarizada, poderão tornar esta experiência particularmente difícil. Esta sub-subcategoria remete para sensações de intrusividade e desconforto provocadas pelos procedimentos médicos necessários à realização do exame. A maioria dos entrevistados que foram sujeitos a este exame atribui um significado negativo ao acto em si. Contudo, é unânime que a forma como o exame decorreu e a atitude do perito modulam o impacto negativo desta situação. Deste modo, as narrativas da criança, quanto ao acto médico em si, centram-se sobretudo na experiência corporal, donde ressaltam sensações de embaraço e vergonha.

> *"Não gostei de tirar as calças e as cuecas, tive vergonha... mas teve de ser."*
>
> **João, 10 anos**

Conforto relacional

As vivências corporais negativas decorrentes do exame físico podem, porém, ser integradas de forma ajustada e adaptativa pelas crianças se lhes for proporcionado um contexto relacional facilitador e desinibidor. À semelhança dos resultados de outros estudos, também os entrevistados, no âmbito do presente trabalho, revelam maior grau de segurança e descontracção quando o perito lhes incute uma sensação de segurança, confiança e privacidade.

"Quando fui à médica tive vergonha de contar e de me pôr lá na maca, assim, sem a roupa, mas ela explicou-me e foi simpática... Era preciso ver o que é que se tinha passado e foi num instante."

Ana, 12 anos

"Primeiro estava uma médica mais um médico em pé... eu tinha vergonha de me despir e depois ela veio ao meu ouvido e perguntou se eu queria ficar só com ela e eu disse logo que sim... ela mandou o outro embora e eu fiquei só com ela e já não tive vergonha..."

Sara, 9 anos

Nos exemplos anteriores vemos como a questão da privacidade assume alguma centralidade neste tipo de exame em que o grau de exposição corporal é elevado. A opção do perito por estabelecer uma relação de proximidade (*"veio ao meu ouvido"*) e dar à criança a oportunidade de escolher a forma como se sentiria mais à vontade é, nestes casos, sentida de forma muito positiva.

A adopção de uma estratégia lúdica como forma de "quebrar o gelo" inicial e estabelecer uma aliança com a criança também parece ser eficaz, atenuando o desconforto da situação:

"Eu primeiro estive a brincar um bocadinho porque aquela médica sabia fazer brincadeiras com crianças e depois ela esteve a ver se eu estava bem..."

Raquel, 8 anos

Para além dos aspectos referidos anteriormente, a contextualização e explicação dos procedimentos, bem como a "quebra" do sentimento de "caso único" são atitudes valorizadas positivamente pela criança. Importa ainda destacar que o grau de expectativa das crianças relativamente ao desempenho dos profissionais é muito elevado, bem como a ansiedade sentida pela maioria das pessoas sujeitas a um exame médico, o que leva à manutenção de um nível de atenção e vigilância muito alto em relação ao comportamento do médico, às expressões faciais e às suas palavras:

"... eram duas médicas, disseram para eu ir falar com outra senhora... pareciam ser novas, eram muito simpáticas... eles disseram que tratam de muitos meninos... eu fui lá porque o meu padrasto violou-me... fizeram-me um exame: primeiro viram se eu tinha alguma mancha no corpo

e depois andaram a ver-me toda, tinham umas luvas e uma luz. A cara da médica parecia que eu tinha alguma coisa e eu fiquei preocupada. Ela primeiro estava alegre e depois ficou triste. Depois disseram-me que estava tudo bem e para eu vir aqui a uma psicóloga e disseram que você era simpática."

Joana, 10 anos

Neste excerto, para além dos elementos já enunciados, importa ainda destacar o facto de o perito médico ter explicado qual seria o passo seguinte. Este tipo de procedimento tem vindo a ser recomendado em alguns manuais de boas práticas para abordar vítimas de crimes sexuais (e.g., Manual Core, da APAV).

Sigificados da Perícia Psicológica

Já tivemos oportunidade de contextualizar os cenários em que a perícia psicológica tem lugar e, como vimos, à semelhança do que acontece com o exame físico, na maioria dos casos o exame psicológico forense não acontece imediatamente a seguir ao episódio abusivo. Aliás, na maioria dos casos, é efectuado muito depois da primeira revelação, o que implica uma dificuldade acrescida porque quando a criança é submetida a avaliação psicológica já passou por sucessivos contextos forenses e já contou e recontou a sua história várias vezes.

Idealmente, tal como deveria acontecer na perícia de sexologia forense, a avaliação psicológica deveria ser efectuada o mais rapidamente possível, para preservar a narrativa da criança de "contaminações" externas, oriundas dos relatos que os adultos produzem acerca das vivências da criança, para garantir maior quantidade de informação, para evitar que a criança tivesse de ser questionada sobre o mesmo assunto em múltiplas ocasiões (o que constitui uma fonte de stress) e, por outro lado, para assegurar alguma celeridade ao processo (uma vez que a morosidade se revela nefasta para a criança). Efectivamente, nem sempre estas condições são asseguradas, pelo que a avaliação psicológica surge, em alguns casos, descontextualizada, sendo difícil para a criança nomear a sua função e definir este espaço, pelo menos nos momentos iniciais.

"Tive de ir ao tribunal muitas vezes, sei que tenho de lhe dizer a si, que é para o Juiz depois confirmar tudo."

Sofia, 10 anos

"Isto que eu vim aqui fazer ainda é por causa do tribunal, não é? É que aquilo já foi há muito tempo."

Alexandre, 9 anos

"Eu contei a dois polícias (…) e eles foram simpáticos mas depois tive de dizer no hospital e depois os polícias foram a minha casa e perguntaram outra vez e agora estou aqui… e a primeira vez que contei já foi há muito tempo… a Dra. ainda não sabe?"

Mariana, 11 anos

"Vá lá, pode começar a fazer perguntas que eu já estou a ouvir… é melhor ir buscar um papel porque se não ainda se esquece e depois tenho de dizer outra vez… o seu trabalho é falar com as pessoas, não é? E depois as pessoas relaxam um bocadinho…"

Joana, 10 anos

Nos excertos discursivos anteriores ressalta a dimensão tempo ("foi há muito tempo) associada à morosidade e à noção de repetição ("ter de contar outra vez"). À medida que o processo avaliativo se desenrola, os significados desta experiência poderão assumir contornos ligados à função catártica desta experiência, ao contexto de intimidade e partilha, especialmente em crianças que não tinham sido repetidamente abordadas por outros profissionais anteriormente.

"É a primeira vez que eu estou a falar assim à vontade, com calma."

Teresa, 11 anos

"Disseram-me que a Dra. trabalhava para o tribunal, não é? Ainda bem porque assim eu posso dizer-lhe tudo e você depois conta ao Juiz, não é?"

Tiago, 11 anos

"Posso vir aqui brincar outra vez?"

Raquel, 8 anos

Proporcionar um ambiente tranquilo, com algum conforto, garantir um espaço em que a criança possa sentir-se livre, sem estar pressionada pela "necessidade de contar" e estabelecer uma aliança com a criança parecem ser estratégias facilitadoras da adesão ao contexto de avaliação. A adopção de estratégias lúdicas, especialmente com crianças mais novas, é também pontuada de forma positiva.

B6. Significados da intervenção de outros profissionais

Esta categoria diz respeito aos significados e sentidos atribuídos aos técnicos do "sistema de protecção" que, em alguns casos, intervêm ao longo do processo: assistentes sociais, educadores, monitores, psicólogos, etc. Sabe-se que, muitas vezes, estes técnicos têm uma função importante na sinalização das situações de risco e no acompanhamento das mesmas, sendo, em princípio, o conjunto de profissionais que mais proximidade tem com o contexto natural da criança. São estes técnicos que intervêm e acompanham a criança em situações marcantes, como a retirada da família de origem, a colocação num contexto alternativo ou em outras medidas de protecção. Relativamente a estes profissionais, as narrativas dividem-se em dois pólos, sendo que as percepções e significados de sentido mais negativo reúnem um maior número de respostas.

Sentimentos de suporte, partilha, apoio e segurança

"As únicas pessoas que me ajudam são as Dras...., a Dra. M. e essas."

Maria, 12 anos

"As outras pessoas (refere-se aos outros profissionais) também me trataram bem...pelo menos acreditaram em mim."

Ana, 12 anos

Sentimentos de abandono, falta de proximidade, insegurança

"Às vezes, na colónia, os arrumadores andam à porrada e as Sras. que tomam conta de nós ainda têm mais medo do que nós."

Tiago, 11 anos

"Foi outra Dra. que foi lá buscar-me, eu nunca a tinha visto. Ela chegou e disse que era para ir para o lar!"

"A Dra. que eu tenho agora (ai... já nem sei o nome dela) só falei uma vez com ela."

Mariana, 11 anos

"Foi uma senhora que me foi buscar, eu nunca a tinha visto... depois também nunca mais a vi..."

Rita, 8 anos

"Vieram buscar-me para o colégio, foram umas senhoras... ninguém me disse porque é que me iam levar de casa."

Tânia, 9 anos

Os excertos anteriores reflectem um grau de distância relacional extremamente acentuado entre os técnicos e as crianças. A ausência de uma "pessoa de confiança" (Furniss, 1992) parece ser uma situação particularmente delicada, uma vez que a criança apercebe-se da "fragilidade" do próprio sistema de apoio, acentuando os sentimentos de insegurança e abandono despoletados pelo facto de ter vivenciado uma situação de abuso intrafamiliar. A emergência deste tipo de sentimento decorre, então, do facto de a criança se sentir "duplamente abandonada", o que traduz uma experiência de vitimação secundária.

7.3. Integração vivencial da trajectória processual

Este tema refere-se à integração existencial e posicionamento relativamente ao processo judicial. Engloba, por isso, o conjunto de experiências e significados, atribuições, sentimentos de reparação, inseguranças, desejos, concepções de Justiça e da finalidade do processo. Esta categoria congrega também as narrativas construídas em torno da consciência de si como "actor judicial" e da consciência de si como vítima, ou seja, reporta--se a uma avaliação transversal da trajectória processual no seu todo e não a cada uma das etapas.

Neste processo de integração as crianças avaliam e tecem considerações acerca das dinâmicas processuais, grau de conhecimento das mesmas ou, pelo contrário, distanciamento e ausência de informação. O contexto judicial parece ainda despoletar sentimentos ambivalentes, onde coexistem histórias de *empowerment* com histórias de fragilização. Os aspectos sentidos como potenciadores dos sentimentos de reparação merecem igualmente destaque, pois traduzem, de alguma forma, o posicionamento da criança face à participação directa e activa no processo, as modalidades de participação que são valorizadas mais positivamente e a importância atribuída a esta participação na condução e desfecho da trajectória.

C1. Sentimentos de ambivalência relativamente ao processo

O envolvimento no processo judicial nem sempre é sentido, pela vítima, de forma positiva (Kelly, 2000). Se, por um lado, a desocultação da vitimação introduz algum sentimento de alívio, os passos que se seguem podem ser percepcionados de forma muito negativa e desestruturante. Assim, o discurso dos entrevistados é sobretudo marcado por uma forte ambivalência relativamente ao significado do processo judicial.

"Sim fiquei mais aliviada, mas parece que também foi mau... Agora espero livrar-me disto e não ter de voltar mais... isto de estar assim no tribunal é para quem faz mal ser castigado. Não sei se é para ajudar-me. Não gosto de falar sobre isto..."

Ana, 12 anos

"Custou responder porque às vezes tinha medo, não sei porquê... tinha medo que o meu avô fosse preso... acho que ele não fez assim tão mal..."
"Espero não ter de ir lá outra vez."

Sofia, 10 anos

"Eu estou aliviada por ter contado, mas também me sinto mal porque estou sempre a lembrar-me disto tudo, cada vez que venho a um sítio, tenho de contar tudo outra vez."

Cátia, 10 anos

As valorações positivas estão associadas sobretudo aos efeitos da revelação (alívio, desabafo, etc); já os aspectos que remetem para uma vivência insecurizante e desgastante estão relacionados com as dinâmicas processuais que exigem da criança uma reexperienciação constante dos episódios de vitimação e com as consequências para o ofensor. O facto de as crianças atribuírem ao sistema judicial uma conotação essencialmente punitiva/negativa – *"o tribunal é para quem faz mal ser castigado"* – parece reforçar alguns significados negativos. Este aspecto está de acordo com o que foi referenciado no estudo de Flin et al. (1989), no qual as respostas das crianças (nesse estudo, não vítimas e sem qualquer contacto com o dispositivo judicial) se organizavam em torno da crença de que nos tribunais entravam sobretudo pessoas "más". O facto de a criança não ter qualquer protagonismo na decisão de iniciar o processo judicial, associado ao facto de o próprio sistema ter dificuldade em lidar com estes actores, reforçam sentimentos de ambivalência relativamente à Justiça.

C2. Posicionamento face à participação

A partir da análise das categorias relativas às "Etapas do Processo Judicial" fomo-nos apercebendo que os efeitos da participação da criança no processo são muito mais condicionados pela forma como os profissionais solicitam esta participação e as circunstâncias em que esta decorre, do que propriamente pelas características ou limitações das vítimas. De acordo com os instrumentos internacionais de protecção à infância (citados no capítulo III do enquadramento teórico), há uma orientação para os procedimentos a tomar nos casos de envolvimento com a Justiça. Estes devem obedecer a uma lógica de *empowerment* e responsabilização da criança na construção do seu projecto de vida. Estas indicações são também referidas em alguns artigos internacionais (Diesen, 2002; Eastwood et al., 1998) e nos manuais de "boas práticas" (manual *Core* da APAV; *Guidelines of Justice For Child Victims and Witnessses of Crime,* do International Bureau For Children's Rights).

Desejo de Participação Activa

Para algumas das crianças, o facto de participar directamente no processo constitui, não só um desejo, mas também uma necessidade. A participação activa no processo está directamente ligada a uma sensação de *empowerment* e controlo da situação traduzindo, nestes casos, um significado positivo, estruturante e securizante. Alguns excertos traduzem a importância que a criança atribui à sua participação, reflectindo significados de auto-valorização:

> *"Eu queria, porque se ele ouvisse da minha boca podia acreditar melhor."*
> *"Eu queria muito ir falar com o Juiz para lhe contar estas coisas."*
>
> **Mariana, 11 anos**

Noutros casos, o facto de o profissional contextualizar a importância da participação é o suficiente para que esta seja sentida como gratificante:

> *"Eu também falei com polícias, eram simpáticos... escreveram tudo o que eu disse.*
> *Gostei de lhes contar."*
>
> **João, 10 anos**

"Para ele ficar lá dentro nós temos de falar."

Tiago, 11 anos

"Eu não me importava de contar tudo, mas só se fosse a mesma Juíza."

Tânia, 9 anos

Sentimentos destabilizadores: "ter de contar outra vez"

Um dos aspectos sentidos como mais desestruturante parece ser o facto de a criança ser forçada a repetir a sua história várias vezes, perante diferentes interlocutores (Furniss, 1992; Goodman et al., 1992; Kendall-Tackett et al., 2001; Kerr, 2003). Relativamente à participação directa, o facto de ter de repetir a descrição da experiência de vitimação é destacado pelos entrevistados como sendo o elemento mais negativo do envolvimento directo. Numa investigação conduzida por Whitcomb (1992) verificou-se que as crianças tinham de repetir, em média, 12 vezes a sua história de vitimação. Na análise dos processos das crianças participantes no nosso estudo, verificamos que as crianças contaram, em média 8 vezes, os factos em investigação. De acordo com Ceci e Bruck (1995) os números das investigações estão subestimados porque não contemplam o número de vezes que a criança é interrogada pelos familiares, pelos adultos com quem convive, pelos colegas, pelos professores, etc. Esta advertência faz todo o sentido, pois os investigadores apenas podem ter acesso ao número de entrevistas "formais".

"Espero não ter de ir lá outra vez."
"Já estou farta de falar destas coisas."

Sofia, 10 anos

"Tive de estar ali outra vez contar tudo... estava cheia de vergonha."

Mariana, 11 anos

"Depois tive de contar também à Dra. da protecção de menores e à médica e agora estou aqui.
Eu não me importava de ir lá mas não queria era falar de tudo outra vez."

João, 10 anos

"Agora já nem penso nisto... só quando tenho de falar."

Alexandre, 9 anos

"Depois tive de ir ao médico e tive de contar tudo outra vez... estava tão envergonhada...
Eu até pensei que no tribunal estavam a gravar o que eu dizia, mas não devia ser, porque se fosse não era preciso estar aqui outra vez a falar. Eu não queria ir lá (ao tribunal) outra vez."

Maria, 12 anos

Estas dinâmicas têm sido alvo de reflexão por parte dos investigadores e de alguns núcleos de intervenção pois têm implicações graves, quer ao nível do impacto psicológico, quer ao nível da condução do próprio processo. A partir dos dados da investigação, a ideia de que as crianças têm menos capacidades para testemunhar que os adultos parece fazer cada vez menos sentido (Poole & Lamb, 1998 cit. Huffman et al., 2002, p. 225), enquanto as variáveis emocionais, a par com as variáveis de contexto e a preparação do entrevistador (Goodman et al., 2002; Van Gijseghem, 1992), são cada vez mais apontadas como as principais condicionantes do testemunho das crianças.

O facto de ter de contar e recontar a sua experiência pode produzir efeitos muito destabilizadores em crianças vítimas de abuso sexual, especialmente nos casos em que as crianças têm de testemunhar na presença do arguido e quando o suporte materno é reduzido (Goodman et al., 1992). Os dados do nosso estudo vão ao encontro dos do estudo anteriormente referido, não só no que diz respeito aos efeitos da repetição/entrevistas sobre o mesmo assunto, mas também no que diz respeito à falta de suporte materno ao longo desta trajectória.

A ideia de que a participação da criança no processo judicial é, em si mesma, ou inevitavelmente, uma experiência negativa é demasiado redutora para interpretar e intervir neste tipo de situações, uma vez que esta participação pode ser sentida como construtiva e gratificante pela criança vítima, desde que lhe sejam garantidas condições adequadas. Na óptica das crianças entrevistadas, algumas destas condições passam, como vimos, por dar protagonismo à vítima, contextualizar e reforçar a importância da sua colaboração, recolher o seu testemunho num contexto protegido e o mais imediato possível, evitar a sucessão de inquéritos, garantir condições de segurança e explicar à criança quais os procedimentos e quais os passos que se seguem.

C3. Vivências de dúvida e insegurança

Esta categoria engloba verbalizações que remetem para a imprevisibilidade sentida face ao desenrolar do processo judicial. Os sentimentos de insegurança e dúvida são provocados, em grande parte, pelo desconhecimento do seu futuro imediato e a longo prazo (Goodman et al., 2002). As verbalizações traduzem ainda o conjunto de cognições e emoções decorrentes da falta de esclarecimento/envolvimento da criança nas decisões e nas resoluções das quais ela é objecto, bem como sentimentos de ambivalência face ao desfecho do processo. As elevadas expectativas atribuídas às acções dos profissionais, especialmente aos magistrados (que são, na interpretação da criança, quem tem o poder de conduzir o seu projecto de vida), contrastantes com as limitações reais destes actores acabam por conduzir a situações de acentuada frustração e desalento.

> *"Depois eu pensei que ele ia dizer o que é que ia acontecer, se eu ia para a minha mãe e isso, e perguntei se ele me ia deixar ficar no lar e ele disse que isso não era com ele... e prontos... agora ainda não sei... a Dra. que eu tenho agora (ai... já nem sei o nome dela) disse que era o Juiz, o Juiz diz que não é ele... a Dra. sabe?... então quem é que sabe?"*

Mariana, 11 anos

> *"Também tenho medo que o meu pai fuja da cadeia ou que o mandem embora... não sei, às vezes podem decidir que ele vem embora... o Juiz..."*

Ana, 12 anos

> *"Eu tive de sair de casa por causa disto, também por isso que eu tinha medo de contar, tinha medo de me levarem de casa.*
> *Não sei o que vai acontecer agora... ninguém me disse... gostava de saber."*

Cátia, 10 anos

> *"Ninguém me disse porque é que me iam levar de casa mas era por causa daquilo, de certeza... Acho que nos julgamentos estão assim muitas pessoas e pode lá estar ele e fazer-me mal outra vez, não pode?"*

Tânia, 9 anos

A partir da análise das narrativas consideradas em cada categoria poderemos extrair também algumas conclusões sobre o sentido que a criança dá às medidas judiciais que supostamente deveriam ser sentidas como protectoras. A interpretação que a criança faz das medidas de protecção aplicadas envolve um conjunto de significados que remetem para imprevisibilidade, insegurança, angústia e dúvida. Face a estes dados é de admitir que a Justiça Protectiva, tal com a Justiça Penal, terão de reflectir sobre a forma como concretizam as medidas, nomeadamente através de um maior envolvimento da criança e de uma partilha dos objectivos da intervenção com a criança, de modo a que esta se sinta mais segura e protegida.

C4. **Expectativas/desejos para o futuro**

No processo de integração vivencial do processo judicial, a criança desenvolve um conjunto de expectativas quanto ao seu futuro e ao da sua família. Esta categoria diz respeito à expressão de desejos e expectativas, ambições, resoluções, acontecimentos que a criança espera concretizar no futuro, isto é, remete para os projectos que a criança idealiza e para os acontecimentos concretos que são considerados positivos e reparadores. Engloba os diversos domínios da vida da criança – acontecimentos na família, no percurso escolar, nas relações interpessoais, bem como ao nível dos desenvolvimentos e do desfecho processual.

Desejo de estabilidade familiar

Quando as crianças se referiram às suas expectativas e desejos relativamente ao futuro, a estabilidade familiar assumiu uma grande centralidade. Se nos reportarmos ao percurso de vida das crianças que compõem a amostra, percebemos que muitas delas conheceram diferentes enquadramentos familiares em muito pouco tempo, o que contribui para alguma instabilidade emocional, daí o desejo de alcançar uma "plataforma" familiar mais equilibrada e permanente.

> *"O que eu queria era ter uma casa... gostava de ter uma casa sem ser à porrada... Nem aos fins-de-semana eu quero ir para a minha casa... Já estou farta de mudar de sítio... agora só espero que o Juiz não me obrigue a ir a casa... o J. e o C. não se importam de ir para casa porque são rapazes e a minha mãe não os põe a trabalhar... Quero ter a minha vida e eles que tenham a deles... Para mim o melhor era ir para uma instituição até aos 18 anos... Mas também queria que fosse para um sítio e pronto, ficasse lá... já estou farta de andar para cá e para lá... primeiro era a coló-*

nia de férias, depois já estava habituada em casa da D. I., até fui a casamentos com ela e à comunhão das sobrinhas... quando lá cheguei, a primeira coisa que ela fez foi comprar-me roupa e uns brincos... a minha mãe quando me viu disse que eu andava com brincos de velha... mas eu não me importei nada! Eu até cheguei a dizer à Dra. C. que antes queria estar com aquela família do que no lar. Um dia antes dela chegar para a visita eu pensei "mesmo que a Dra. C. diga para eu ir eu não vou! Não quero ir! Quero ficar aqui para sempre... mas depois tiraram-me de lá..."

Mariana, 11 anos

"O que eu que gostava era de ter uma família, mas não dá... aconteceu o que aconteceu e o meu pai está preso, a minha mãe está do lado dele..."

Ana, 12 anos

"Quero ajudar a minha mãe naquilo que puder e aos meus irmãos. Quero ter a minha casa e estar com as minhas irmãs... mas longe do sítio onde nós morávamos."

Tiago, 11 anos

"Gostava que ele fosse preso e que eu voltasse para casa."

Tânia, 9 anos

A densidade dos excertos destacados demonstra de forma inequívoca que, independentemente dos resultados do processo-crime, o mais importante para a criança é a reconstrução de uma estrutura familiar sólida, estável e securizante, ainda que não seja a família de origem.

Desejo de estabilidade no percurso escolar

Para além da estabilidade familiar, as crianças referem-se ao desejo de ter um percurso escolar "sem sobressaltos". As alterações no enquadramento familiar, decorrentes do abuso, levam a que, frequentemente, as vítimas, não só tenham de sair de casa como sejam obrigadas a mudar de escola, interromper as aulas, faltar às aulas, etc. Estes aspectos são sentidos como muito destabilizadores.

"Agora o que eu queria era voltar à escola."

Mariana, 11 anos

"Quero voltar para a escola."

Tiago, 11 anos

Paralelamente à estabilidade familiar, a necessidade de equilíbrio passa também pela identificação com o projecto escolar. Esta expectativa é facilmente explicada pela importância que o dispositivo escolar representa enquanto meio de socialização, enquanto espaço relacional, nesta faixa etária.

7.4. Percepções e significados das mudanças da estrutura sócio-familiar

Ao longo do processo de análise emergiu um conjunto de categorias centradas especificamente nas vivências decorrentes das alterações familiares provocadas pelo processo judicial. Como já tivemos oportunidade de referir, uma das características que torna o abuso sexual intrafamiliar uma forma de vitimação tão complexa é precisamente o facto de desencadear uma série de alterações que incidem directamente no contexto familiar da criança. Atendendo à importância que este contexto assume no desenvolvimento infantil, é de esperar que alterações profundas nesta estrutura sejam muito significativas para a criança. É o que parece acontecer com grande parte dos sujeitos da amostra.

Esta categoria temática engloba as verbalizações que dizem respeito a situações e experiências relativas às dinâmicas sócio-familiares. Inclui, por isso, o sentido atribuído a medidas de protecção específicas, as percepções e significados atribuídos às medidas de protecção que envolvam alterações na estrutura sócio-familiar como, por exemplo, a retirada da família de origem e colocação em famílias de acolhimento ou em instituções de acolhimento temporário ou prolongado. Inclui, igualmente, as percepções das dinâmicas familiares, do ambiente familiar, das reacções manifestadas pelos familiares perante a revelação e do suporte familiar sentido pela criança durante o processo.

Neste tema são ainda contempladas experiências de separação, fragmentação familiar e afastamentos de pessoas e locais significativos, decorrentes do processo judicial. São ainda consideradas as significações dadas a outras transformações paralelas ao processo que têm impacto no percurso de vida da criança, como, por exemplo, mudança de contextos de lazer, alterações no quotidiano e modificação de rotinas.

D1. Institucionalização

A retirada de casa e a colocação em meio institucional é uma medida de protecção radical, uma vez que deve ser tomada apenas quando todas as outras medidas de protecção se afiguram ineficazes (Carmo, 2002). A situação ideal seria afastar o ofensor e permanecer a criança em ambiente familiar, contudo, o procedimento de afastar a criança é o mais frequente, o que faz com que Portugal seja um dos países com maior número de crianças institucionalizadas. Esta subcategoria diz respeito às percepções relativas à institucionalização, englobando as referências aos locais, ao impacto emocional resultante da institucionalização, as apreciações e sentimentos de segurança ou insegurança da criança, o grau de suporte sentido, o tipo de acolhimento e de envolvimento emocional proporcionado e o tipo de vinculação e de disponibilidade sentida pela criança no contexto relacional dentro da instituição.

Porquê da institucionalização

"Depois fui para a instituição por causa disto que se passou."

Sofia, 10 anos

"Não sei porque fomos para o colégio, devia ser porque a minha mãe não queria saber de nós... não sei... a Dra. disse que era melhor para mim."

Rita, 8 anos

"Quando fui para o colégio foi porque houve um problema de violação com um vizinho... antes de ter acontecido isto lá em casa.
Foi uma Sra. da protecção de menores que foi lá a casa buscar-me disse que eu ia para uma casa grande onde estavam mais meninos."

Cátia, 10 anos

"Eu fui para lá por causa disto, mas o que eu queria era estar em casa dos meus pais a trabalhar no campo... ao menos no Natal."

Tânia, 9 anos

A falta de esclarecimento acerca desta experiência é semelhante à que se verifica em relação aos outros procedimentos, embora a criança tenha a noção de que foi retirada de casa devido a uma situação de perigo. Nos casos em que a criança é afastada da família "devemos dar-lhe uma completa explicação das razões para a separação" (Furniss, 1992, p. 224), pois o nível de angústia que uma experiência como esta envolve pode ser altamente desestruturante para a criança. Uma vez que se trata de uma medida de proteção tão "radical", deve ser dado todo o apoio e informação à criança. Como já tivemos oportunidade de referir neste trabalho, por vezes, esta medida é interpretada pela criança como um castigo (Alberto, 2006; Cross et al., 1999; Finkelhor et al., 2005), pelo que é essencial que a criança tenha espaço para partilhar os seus receios, as suas crenças e que os profissionais adoptem uma atitude de partilha e envolvimento da criança na compreensão dos motivos desta medida.

Ausência de sentimento de "pertença"

"Eu não queria ir… mas tive de ir… o pior foi chegar lá de noite… nem sabia onde era para dormir… nem quem estava a dormir no mesmo quarto… passei a noite com os olhos bem abertos e a chorar… não conhecia ninguém e a única pessoa que eu conhecia era a Dra. que me foi lá levar mas depois foi embora. Na primeira vez que dormi lá estava sempre a chorar… Tinha de dormir com a luz acesa porque se não não conseguia dormir."

Tânia, 9 anos

"Era muita gente…"

Cátia, 10 anos

O conteúdo das verbalizações remete para a falta de "identificação com o espaço", como se estivessem a descrever um espaço desinvestido do ponto de vista afectivo.

Estar seguro

Como já tivemos oportunidade de referir, o medo que acompanha o quotidiano de algumas vítimas, bem como as bruscas e constantes alterações na esfera familiar podem justificar a facilidade com que algumas crianças se adaptam ao contexto institucional. A existência de regras e rotinas definidas introduz a sensação de previsibilidade, que contrasta claramente com o contexto de origem da criança. Esta pode ser uma das leituras para explicar este fenómeno. Para algumas das crianças a instituição parece cumprir a função securizante proposta por Raymond (1993, cit. Alberto, 2002).

"Agora estou na instituição... é melhor assim... pelo menos estou descansada... sei que não me vão fazer mal."

Mariana, 11 anos

Narrativas de separação e desamparo

Para outros, o facto de estar institucionalizado tem um significado muito penoso. Os efeitos psicológicos da institucionalização apontados por alguns estudos (Cross et al., 1999; Finkelhor et al., 2005), como a ansiedade, angústia e depressão, estão presentes em algumas das crianças entrevistadas.

"Quando vim para o colégio perdi o apetite, não conseguia dormir... parece que ouvia os barulhinhos todos... sinto muita tristeza..."

Ana, 12 anos

"No colégio dormia com outras meninas e havia várias camas, não sabia onde estava o resto da minha família e ninguém sabia onde eles estavam e por isso estava triste, tinha saudades deles... mas tratavam-me bem... mas não quero ir para lá outra vez".

Sofia, 10 anos

Os sentimentos de insegurança, desamparo e abandono provocados pela retirada da família parecem fazer da institucionalização uma das dinâmicas paralelas à vitimação potencialmente mais angustiante e traumática. A ausência de um adulto significativo, de uma "pessoa especial", que possa assegurar a função dos adultos significativos de que a criança se separou, a falta de apoio por parte da família alargada e a ausência de perspectivas sobre o que vai acontecer a seguir acentuam as dificuldades de adaptação e a integração positiva/superação desta experiência.

D2. **Ser acolhido numa família** – *A expectativa de reconstrução familiar*

Um cenário alternativo à colocação da criança em meio institucional é o acolhimento numa família alternativa, chamada "família de acolhimento". Esta subcategoria inclui referências à experiência de ser integrado numa família de acolhimento, a sentimentos e significações de suporte, grau de envolvimento emocional e tipo de vinculação estabelecida, disponibilidade sentida pela criança relativamente ao contexto relacional familiar e expectativas criadas.

> *"Depois vim para casa da D. T. que é da família de acolhimento... são pessoas que estão na vez dos pais... ajudam quando os pais não podem... eu gosto muito de lá estar."*
>
> **Sofia, 10 anos**

> *"Depois fui para casa da C. que é onde eu estou agora... é muito melhor do que estar no colégio."*
> *"Em casa da C. tenho o meu quarto com a minha irmã, é mais sossegado."*
>
> **Rita, 8 anos**

Para as crianças cuja medida de protecção tomada foi o acolhimento familiar, esta experiência é valorizada como globalmente positiva. A construção de uma relação securizante com um adulto significativo contribui para aumentar o nível de auto-confiança e equilíbrio (Bowlby, 1998). Como vimos anteriormente, um dos grandes desejos expressos pelas crianças entrevistadas é a construção de um ambiente familiar estável. O reverso da medalha do acolhimento familiar, nos moldes em que se processa actualmente no nosso país, é o facto de ser uma solução provisória, isto é, a criança cria expectativas de ter "uma família", vincula-se aos adultos e às outras crianças que compõem aquele núcleo familiar e, passado algum tempo, volta a sofrer uma separação, volta a sentir-se abandonada, rejeitada. Nesta trajectória marcada por perdas sucessivas poderão emergir indicadores de ansiedade, angústia, depressão (Winnicot, 1971).

D3. Falta de apoio familiar

Esta sub-categoria abrange descrições relativas à percepção e vivência das dinâmicas da família de origem, das rotinas e do grau de suporte sentido. Os dados da investigação são unânimes em apontar o suporte familiar como um dos principais preditores do ajustamento da criança (Furniss, 1992; Hartman & Burgess, 1989; Kendall-Tackett et al., 2001;). No caso dos participantes do nosso estudo, as dinâmicas familiares são fortemente condicionadas pelo facto do abusador ser um elemento da família, o que leva a uma situação em que se cruzam pontos de vista e interesses diferentes por parte de cada um dos membros da família.

Ausência/negligência da figura materna

Um dos dados que nos pareceu particularmente interessante no estudo empírico refere-se às verbalizações relativas ao posicionamento da figura materna face ao abuso e face ao processo judicial. Na literatura da especialidade o suporte materno é frequentemente referido como "amortecedor" do impacto traumático da vitimação e a ausência deste apoio indicador de um desconforto adicional na vivência de situações traumáticas (Alaggia, 2002; Leifer et al., 2001; Lewin, 2001). Os excertos que se seguem exemplificam as experiências de sofrimento decorrentes da falta de suporte materno vivenciadas pelas crianças:

> *"A minha mãe começou a sair do lar com a desculpa que tinha de ir arranjar a casa mas não era... ela tinha é encontros com homens."*
> *"Eu vi a situação da minha irmã B. e sei bem que a minha mãe me ia encarregar de tudo... arrumar a casa, cuidar dos meus irmãos, fazer o comer, e isso para mim não era bom... cada um tem de pensar no seu melhor... Quando eu saí de casa, pensava que a minha mãe ia tomar conta dos meus irmãos, mas não... ficou tudo em cima de mim... Não quero que a minha mãe saiba que eu não quero ir para casa... porque ela ainda pode bater-me ou assim."*
> **Mariana, 11 anos**

Quando o abusador é o companheiro da mãe, optar por apoiar a criança pode significar perder o companheiro. Esta escolha parece ser difícil para algumas mulheres e, quando a opção é manter a relação conjugal, a criança sente-se duplamente traída:

> *"Aconteceu o que aconteceu e o meu pai está preso, a minha mãe está do lado dele..."*
> **Ana, 12 anos**

Mesmo nos casos em que o abusador não é o companheiro, mas outro elemento da família, o desejo de manter o "equilíbrio" familiar é muitas vezes considerado mais importante do que a protecção da criança vítima:

> *"A minha mãe prometeu-me que me levava para casa mas não levou, fiquei triste, mas depois habituei-me a estar na D. T. (família de acolhimento)."*

"a minha mãe não me levou porque ia dormir com o namorado e a família dele não podia saber que ela tinha uma filha... quando os encontrávamos, eu tinha de lhe chamar tia."

Sofia, 10 anos

"Eu fiz queixa à minha mãe mas ela disse que não fazia mal nenhum... então ele continuava a fazer. Eu nunca tinha feito queixa à minha mãe porque já sabia que ela ia dizer que não fazia mal."

Rita, 8 anos

"Passado um tempo contei à minha mãe e ela acreditou em mim... mas também ela já sabia porque uma vez tinha visto, só que não fez nada, disse que ia falar com ele mas não sei se chegou a falar..."

Cátia, 10 anos

"A minha mãe é muito jovem, gosta de se vestir como nós, só pensa nela, não é capaz de dizer "gosto de ti". Como tem outra filha liga mais a uma do que a outra... desmazela-se. Eu até consegui esquecer mais ou menos isto, mas as saudades da minha mãe começam a apertar..."

Teresa, 11 anos

Separações e fragmentação familiar/processos de vinculação e ruptura

No contexto das alterações familiares os processos de ruptura decorrentes da denúncia parecem ser experienciados de forma muito desgastante pelas crianças vítimas.

"Já estou farta de mudar de sítio... Já estou farta de andar para cá e para lá...

Eu até fiquei com medo de me levarem só a mim e a minha irmã ficar, porque ela é pequena e estava habituada comigo. Eu vinha a chorar porque não queria sair de lá e a minha irmã ficou lá... Claro que tenho saudades de lá, principalmente da minha irmã...

Os outros já nem tanto... andam por aí, uns numas famílias, outros noutras... agora prontos, já estou mais habituada."

Mariana, 11 anos

"Não sabia onde estava o resto da minha família e ninguém sabia onde eles estavam e por isso estava triste, tinha saudades deles."

Sofia, 10 anos

"Depois a minha mãe veio ter comigo a chorar e nós estávamos a dormir e ela disse que nós íamos para B. à tarde e à tarde nós fomos para B."

Rita, 8 anos

"A minha mãe agora está com um amigo, eu estou no colégio e as minhas irmãs também, a minha outra irmã já tem a vidinha dela. Eu tive de sair de casa por causa disto. Eu dei um beijinho à minha mãe e ela disse que depois ia lá mas ainda não teve tempo de ir."

Cátia, 10 anos

"Eu não quero voltar para casa porque está lá o meu tio. Quando o meu pai soube ficou chateado porque eu portei-me mal."

João, 10 anos

"Onde eu moro agora parece o século XVIII... não posso fazer quase nada... mas não dá para ir para o meu pai e a minha mãe é o que é..."

Teresa, 11 anos

O conteúdo dos excertos anteriores traduz uma amálgama de sentimentos altamente desestruturantes. O abandono, a angústia de separação e a tristeza sobressaem nestas histórias, a par com outras emoções como o medo, e em alguns casos, a auto-culpabilização. A ausência de sentimentos de pertença e de um contexto de afectos seguros é também bastante nítida nas narrativas das crianças da amostra, que traduzem uma carência afectiva profunda. Parece-nos pertinente, para a compreensão dos contornos das vivências das crianças entrevistadas, relacionar este ponto com a sub-categoria "Desejo de estabilidade familiar". A intercepção entre estas duas categorias poderá introduzir algumas linhas de compreensão das necessidades da criança no âmbito da Justiça Protectiva.

A complexidade dos conteúdos narrados pelas crianças, poderia ser objecto de múltiplas análises, tentámos ao longo deste capítulo conceptualizar alguns destes dados de forma integrada. Na próxima secção deste trabalho avançaremos com uma síntese dos dados do estudo empírico, que reflecte também algumas das principais conclusões e possíveis implicações para a prática.

DISCUSSÃO E CONCLUSÕES

A partir da análise inferencial dos conteúdos das entrevistas das crianças fomos explicitando e integrando teoricamente algumas dimensões que se organizaram, como atrás vimos, em torno de quatro grandes temáticas: Histórias de Vitimação; Etapas da Trajectória Processual; Integração Vivencial da Trajectória Processual; Percepções e Significados das Mudanças da Estrutura Sócio-familiar. Uma vez que a integração teórica dos resultados foi um processo simultâneo à apresentação dos mesmos, chegados a este ponto parece-nos importante apenas proceder a uma breve síntese integrativa e salientar alguns dados que nos parecem mais relevantes do ponto de vista das implicações para a prática.

Relativamente às formas de vitimação, destacamos o facto de as crianças referirem não só o abuso sexual, como também a coexistência de outras formas de mau-trato na família, remetendo para a inserção da criança numa família multiproblemática, o que poderá acentuar o impacto psicológico da vitimação, fragilizando a sua condição. O discurso do medo é persistente e pensamos que deverá ser tido em conta na abordagem forense destas crianças, pois tem implicações na forma como a criança se posiciona relativamente ao processo judicial e na sua colaboração com este.

Na vivência de toda a trajectória processual, os diferentes sentidos que esta assume e os significados construídos remetem-nos para uma dimensão que atravessa todo este percurso: a dimensão relacional. Basta analisar o conjunto das categorias emergentes para percebermos a importância e centralidade que esta dimensão assume na construção de significados e sentidos. A partir dos nossos dados, inferimos que as características da relação da criança com a Justiça, do ponto de vista da criança, podem traduzir-se numa experiência insecurizante e desestruturante, mas também constituir uma prova bem sucedida. Percebemos, igualmente, que os espaços em que a criança é recebida não serão os mais adequados, mas que basta a presença de um pequeno objecto infantil para que esta ideia se dissipe. Assim, a existência de folhas e lápis de cor, um boneco, desenhos colocados na parede, um pormenor decorativo mais colorido ou "divertido", são pequenos objectos que poderão contribuir para tornar o ambiente mais acolhedor e ajustado e não interferem de forma minimamente negativa com a "seriedade" e formalidade com que se tem de acolher outros participantes (adultos), antes pelo contrário.

Não obstante a desadequação de alguns espaços e a dificuldade de muitos dos procedimentos, quando a dimensão relacional é sentida pela criança como securizante e positiva, as outras possíveis fontes de contrariedade parecem ser ultrapassadas. Isto é visível desde o contacto com o primeiro profissional, o primeiro"rosto" do sistema.

Este dado pode constituir um ponto de partida para a redefinição de algumas linhas de intervenção e de abordagem da criança, para a reconstrução de papéis e adequação de atitudes por parte dos profissionais. Dada a densidade que esta dimensão assumiu no nosso estudo, e confrontando estes resultados com as indicações propostas pelos estudos e manuais referidos no enquadramento teórico, é de admitir que a qualidade do contacto relacional é provavelmente o melhor preditor da forma como a criança colabora e de como se sente neste contexto. Acrescentaríamos que, do ponto de vista estritamente instrumental (factor tempo, factor económico, etc.), não há qualquer razão para que não se promova uma qualidade relacional elevada no contacto com as crianças no seio do sistema de Justiça.

A disponibilidade sentida e a atitude de partilha do trabalho, como se fosse uma co-autoria na qual a criança é o autor principal, as referências à contextualização da sua colaboração e a materialização de algumas destas dimensões (tão valorizada por qualquer criança desta idade), por exemplo, através do fornecimento de um cartão, de um número de telefone, um reforço ao comportamento da criança, são elementos extremamente valorizados pelas crianças. Curiosamente, estas atitudes estão associadas a uma percepção de elevada eficácia e competência dos profissionais, o que contrasta com os sentimentos de abandono e insegurança sentida relativamente aos profissionais que trabalham no âmbito do sistema de protecção.

O que parece verificar-se é que, ao nível da protecção da criança, o sistema oferece respostas intermitentes, o que leva a que a criança sinta que não tem um elo de ligação ao processo e se sinta insegura. Nos processos que analisamos, em média, cada criança contacta com 4 técnicos diferentes (entre CPCJ, Segurança Social, instituições de acolhimento), o que contraria as orientações relativamente à Justiça de menores, que vão no sentido de haver um técnico de referência. Relativamente aos vários técnicos, tal como já foi referido anteriormente, estes são percebidos como figuras pouco consistentes (do ponto de vista do vínculo com a criança), nas quais foram depositadas expectativas nos momentos iniciais mas que, com o decorrer do processo, "assumem" um papel menos protector e mais ambivalente (principalmente quando um destes técnicos faz a retirada da família de origem). O excesso de casos e a falta de estruturas capazes de dar resposta a todas as situações poderá justificar, em parte, estes constrangimentos. Contudo, a falta de proximidade relacional, a ausência de explicações que ajudem a criança a integrar as decisões judiciais que condicionam a sua vida e a "ausência de uma identidade" (a maioria das crianças não conhecia o nome dos técnicos com quem contacta e desconhecia as suas funções) não nos parecem passíveis de serem justificadas pelos condicionalismos do quotidiano de trabalho.

Relativamente ao contexto do tribunal, é interessante verificar, por um lado, que a figura do "Juiz" é aglutinadora de um conjunto de poderes que, seguramente, colocam estes profissionais no centro das expectativas da criança relativamente à condução do processo Por outro lado, o contacto com os Magistrados é sentido como algo distante, o que poderá reforçar algumas crenças pré-existentes ao contacto com estes profissionais, como, por exemplo, a crença de que os Juízes não ouvem crianças ou de que a sua única função é punitiva. Uma vez mais, a importância de se apresentar, de dar a conhecer os propósitos do seu trabalho e as motivações que levam a abordar a criança, parecem ser elementos importantes para a criança sentir que "faz parte" de todo este processo, para integrar positivamente esta experiência e para se poder adaptar às situações decorrentes das decisões judiciais. Sendo uma figura tão significativamente investida pelas crianças, o esforço de aproximação do Magistrado terá, seguramente, uma boa receptividade, contribuindo para combater alguns mitos, facilitando a participação da criança e assumindo uma vertente pedagógica, que nos parece fundamental.

Os exames periciais de sexologia forense suscitam descrições muito mais sensoriais, como seria de esperar. Destacamos que, apesar de ser experienciado como um momento tendencialmente ansiogénico, o exame físico não tem necessariamente um significado negativo, especialmente se for adoptada pelo perito uma postura de tranquilidade e disponibilidade. Relativamente a este ponto, salientamos que nenhum dos entrevistados referiu ter sentido qualquer tipo de sensação corporal que evocasse o episódio abusivo, o que contraria os resultados de algumas investigações (Saywitz et al., 1991) que comparam os efeitos de memória para o abuso com os efeitos de memória na evocação de uma experiência de exame corporal, partindo do (grosseiro) princípio que se podem comparar e extrapolar dados relativos a estes dois momentos, aos quais as crianças atribuem significados tão distintos.

Relativamente à perícia de Psicologia Forense, as crianças demonstram que conhecem os objectivos daquele encontro e sabem o que é esperado fazer. Este conhecimento, na maioria dos casos, não advém de qualquer explicação do perito mas sim dos adultos que acompanham a criança, que já lhe falaram acerca desta "diligência". Sobre esta questão, gostaríamos de destacar a importância de efectuar este tipo de diligência (tal como a anterior) com a maior celeridade possível. A maioria das crianças envolvidas em processos de abuso sexual são submetidas a vários interrogatórios, e isto, como vimos e como ressalta da literatura da especialidade, constitui uma fonte de desgaste muito grande, para além de introduzir dificuldades acrescidas na evocação do evento e gerar perda de informação. A avaliação psicológica, quando efectuada atempadamente, parece estar relacionada com maiores níveis de satisfação por parte da criança, pois este espaço pode ser sentido como securizante e facilitador. Quando realizada precocemente, a avaliação psicológica poderá produzir dados mais sólidos e pertinentes para a tomada de decisão judicial, pois a criança está mais colaborante, menos resistente a abordar questões relativas ao abuso (ainda não está saturada de falar nisso), o que significa que seria uma medida preventiva da vitimação secundária.

Os nossos dados revelam uma percepção globalmente positiva do contacto com os peritos e com o processo de avaliação psicológica forense, o que poderá resultar do esforço dos peritos em criar um ambiente positivo e securizante, explicando à criança o que vai ser feito e porquê, assumindo uma postura relacional positiva e horizontal, respeitando os ritmos de cada criança, combinando estratégias de avaliação formal com estratégicas de carácter lúdico que levam a criança a experienciar esta etapa do processo de forma menos negativa, e de nela poderem ser abordadas temáticas íntimas e fortemente perturbadoras, como as dinâmicas do abuso.

Devemos salientar, de novo, que estes resultados dizem apenas respeito à experiência de contacto com uma única instituição de avaliação psicológica forense, o GEAV, cuja equipa a investigadora integrou, faltando a confirmação do mesmo tipo de percepções e significados quanto a outros serviços de avaliação.

O posicionamento da criança relativamente à participação no processo judicial envolve diferentes significados. Coexistem sentimentos de ambivalência no que diz respeito à importância do processo nas suas vidas que decorrem dos esforços que a criança tem de fazer para cumprir as diligências para as quais é solicitada e para aceitar medidas que transformam profundamente o seu quotidiano e as suas relações afectivas. Por outro lado, o desejo de participação activa parece estar ligado a experiências sentidas como gratificantes no decorrer do processo e a um sentimento de *empowerment,* decorrente do reforço que os profissionais transmitem, da sua atitude e da forma como contextualizam o papel da criança enquanto interventor ou actor do e no sistema judiciário.

Paralelamente, existem crianças para quem a perspectiva de ter de voltar a repetir a sua história junto de diferentes profissionais e em diferentes contextos é motivo suficiente para não manifestarem qualquer motivação relativamente à participação no processo. A repetição de inquéritos parece ser um dos aspectos vividos com maior ansiedade, pelo que seria necessário reequacionar este tipo de procedimentos, agilizando estratégias alternativas que poderão passar pela audição para memória futura ou pela entrevista com recurso a espelho unidireccional em que um técnico especializado na condução de entrevistas a crianças (um psicólogo forense, por exemplo) abordaria a criança e os restantes profissionais estariam presentes na sala contígua. Do contacto que viemos tendo com Magistrados, percebemos que há neste momento, no nosso país, um conjunto de profissionais que preconizam algumas estratégias que minimizam os danos secundários e divulgam este tipo de orientação nos contextos pedagógicos (nomeadamente no Centro de Estudos Judiciários), em comunicações públicas, em publicações científicas (Carmo, 2002; Leandro, 1995; Martins, 2006; Nunes, 2005; Sottomayor, 2003) e na sua prática diária.

O envolvimento no processo judicial também pode significar insegurança e dúvida, associadas sobretudo à falta de informação dada à criança sobre o curso da trajectória processual. Isto é, o facto de a criança não conhecer a natureza e objectivos das sucessivas decisões conduz a uma sensação de incerteza e de angústia, sentidas, obviamente, como negativas e muito desgastantes. Esclarecer a criança sobre o sentido das diligências, de forma simples e adequada à sua idade, explicar "os porquês" e prepará-la para os passos seguintes poderão ser estratégias eficazes na gestão desta experiência.

A eficácia dos programas de preparação da criança para participar em tribunal ainda não está suficientemente investigada cientificamente, não obstante, parece-nos pertinente discutir com a criança possíveis crenças disfuncionais, receios infundados (como o de que as crianças podem ir presas "se se enganarem nas respostas", entre outros) e as expectativas criadas.

Da integração da trajectória processual na vida da criança ressaltam ainda aspectos que se prendem com as expectativas depositadas na Justiça, nomeadamente quanto ao desfecho do processo. O aspecto mais interessante diz respeito ao desejo de estabilidade familiar. Este dado suscitou-nos muito interesse porque, de alguma forma, traduz o "pedido" que a criança faz à Justiça. Assim, os desejos para o futuro prendem-se com a reorganização familiar e com a reorganização do percurso escolar. O desejo de reconstituir um contexto seguro, de reconstruir laços de pertença na família e com os pares sobrepõe-se de forma evidente ao desejo de condenação do abusador. Deveremos reflectir, neste ponto, sobre o impacto das medidas de protecção, pois, a partir dos dados deste estudo, infere-se que poderão ser sentidas pela criança como uma forma de vitimação (secundária, neste caso), mais do que como uma medida de protecção.

Urge uma maior articulação entre o sistema penal e o sistema de protecção e, provavelmente, uma revisão das medidas de afastamento do agressor, no sentido de uma maior eficácia na protecção da vítima. As especificidades do abuso intrafamiliar carecem de uma abordagem articulada e desenhada de forma eficaz, que transmita à criança um sentimento de segurança que, numa persectiva fenomenológica, se traduz na sensação de "estar protegida", de haver algo ou alguém que "vai tomar conta" de si. Salientamos que muitas destas crianças apresentam um conjunto de sintomas clínicos decorrentes da vitimação e que poderão ser agudizados por todo o contexto de incerteza e rupturas derivadas do processo judicial. O *empowerment* familiar, a intervenção directa junto da família poderá ser uma medida a equacionar de forma mais incisiva.

Os dados do nosso estudo vão ao encontro do que está descrito na literatura da especialidade sobre as especificidades do abuso sexual intrafamiliar, nomeadamente no que às alterações nas dinâmicas familiares diz respeito. Assim, uma das temáticas que emergiu da análise das entrevistas foi precisamente a centralidade das alterações familiares impulsionadas pelo facto de o abusador ser um elemento da família. Relativamente a estas alterações são destacadas pelas crianças três experiências significativas: a institucionalização, a integração numa família de acolhimento e as vivências de falta de apoio familiar.

Se pensarmos que o desejo mais expressivo que os entrevistados manifestaram relativamentente ao futuro é o de terem um espaço familiar seguro, encontramos neste último tema de reflexão um conjunto de realidades que nada têm a ver com a concretização deste desejo. A morosidade que caracteriza a definição de um projecto de vida de um menor em risco contrasta com a transitoriedade das sucessivas formas de protecção e com o desejo de estabilidade manifestado pelas crianças. Relativamente à institucionalização, voltam a emergir descrições relativas aos espaços físicos que anunciam alguma sensação de frieza e falta de conforto (dimensões muito importantes para uma criança se sentir bem).

Muito embora as crianças tenham a noção de que estão na instituição porque foram maltratadas, surgem sentimentos de culpa, arrependimento e descontentamento por terem sido elas a sair de casa. Associado ao acolhimento institucional, encontramos crianças que aceitaram esta medida com alguma satisfação, contrariando a tendência geral. De qualquer forma, esta medida de protecção parece estar associada à vivência de sentimentos de abandono, solidão e desamparo. Muitas vezes estas crianças são "resgatadas" da família sem aviso prévio, sem qualquer tipo de explicação. Este é um ponto extremamente sensível na Justiça de Menores, pois implica alterações profundas ao nível das redes relacionais da criança.

Uma criança vitimizada pela própria família (e, como vimos, no caso dos sujeitos da nossa amostra havia várias situações de múltiplas formas de violência) tendencialmente apresentará uma carência afectiva superior à de uma criança inserida numa família "funcional". Estas crianças necessitariam de construir laços afectivos com figuras de vinculação consistentes e securizantes. No entanto, devido à indefinição do seu projecto de vida e ao facto de a maioria das instituições não ter capacidade para garantir esta função, acaba por ser muito complicado contrariar os sentimentos de abandono e desamparo emergentes. Não pertencer a alguém, não ser cuidado de forma especial durante a infância, não ser protegido, parece constituir, do ponto de vista das crianças, uma fonte de grande sofrimento.

Finalmente, a falta de apoio familiar, em especial por parte da figura materna, e o "zig-zag" entre processos de vinculação e ruptura, característicos das medidas de acolhimento familiar temporário constituem, igualmente, pontos de reflexão sobre o impacto das medidas de protecção a curto e a longo prazo. Do ponto de vista da criança, é extremamente complicado aceitar e integrar o facto de ter "uma família a prazo". A noção de temporalidade da criança, a carência afectiva que muitas vezes apresenta e o desejo de estabilidade facilitam processos de vinculação rápidos e "ansiosos", isto é, a criança envolve-se rapidamente com um adulto que lhe dê alguma atenção especial. Torna-se compreensivelmente difícil, para esta criança, ser novamente "resgatada" ao fim de algum tempo, pelo que a implementação deste tipo de medidas deveria ser objecto de um processo de avaliação casuístico, de forma a evitar danos psico-emocionais profundos na criança.

No que diz respeito à vivência das alterações na família, um dos dados que nos suscitou mais interesse foi a emergência de uma categoria relativa à falta de apoio materno. A variável "suporte materno" tem sido abordada diversas vezes na literatura, enquanto preditora do ajustamento da criança. Do ponto de vista das crianças, a falta de suporte materno, a par dos processos de fragmentação e ruptura familiar, constituem os elementos mais destacados para descrever o significado das alterações familiares. Uma questão que os nossos dados levantam prende-se com o facto destas crianças praticamente não identificarem fontes de suporte e apoio, o que poderá, a longo prazo, tornar-se problemático.

Em síntese, os aspectos sentidos como mais positivos e cujos significados remetem para sensações de segurança, bem-estar e poder estão ligados à proximidade relacional com os diversos actores e à forma como estes envolvem activamente a criança no processo. Pudemos, pois, verificar que são atribuídos significados muito positivos ao facto do seu papel ser valorizado, estando a criança preparada para intervir activamente desde que lhe sejam garantidas as condições necessárias. Muito importante parece ser também o papel da Justiça Protectiva na integração da vitimação, no posicionamento relativamente ao processo e, acima de tudo, na forma como a criança perspectiva o seu projecto de vida futuro.

CONSIDERAÇÕES FINAIS

A relação entre a criança vítima de abuso sexual intrafamiliar e a Justiça é, sem dúvida, um objecto multifacetado. A presente dissertação constituiu apenas uma das aproximações possíveis a esta problemática. Neste trabalho pensamos, pois, ter contribuído para a elucidação de uma dessas facetas: o significado e sentido que a criança atribui ao contacto com o sistema judicial. Pensamos que, independentemente de outras conclusões, um dos potenciais contributos deste estudo foi demonstrar que as crianças têm múltiplas potencialidades e competências e apresentam uma capacidade de adaptação altamente desenvolvida, são peritas em avaliar os pormenores do que as rodeia, são excelentes comunicadoras, possuem material verbal e não verbal riquíssimo que podemos e devemos explorar e, acima de tudo, precisam de adultos que as saibam escutar e que compreendam as suas mensagens. As crianças parecem reunir, assim, todas as características necessárias para participar activamente no processo judicial e na definição do seu projecto de vida. Envolvê-las neste processo parece-nos um dever de todos.

O investimento em estudos que abordem a perspectiva da criança relativamente ao seu contacto com a Justiça parece-nos fundamental para colmatar a lacuna de conhecimentos nesta área. Julgamos poder vir a ser interessante aprofundar, noutros estudos, cada uma das categorias aqui emergentes, desta vez não só a partir das significações mas também do seu impacto psicológico e das estratégias de *coping* para lidar com esta trajectória processual. Isto pressupõe, entre outros aspectos, a necessidade de realizar estudos longitudinais e o desenvolvimento de instrumentos de avaliação específicos para aferir do impacto psicológico do envolvimento no processo judicial.

Outra questão que poderia merecer uma reflexão mais aprofundada diz respeito à avaliação da eficácia de métodos alternativos de audição de testemunhas (como as declarações para memória futura, o circuito interno de vídeo), uma vez que os estudos realizados neste domínio apresentam grandes contradições e, no contexto nacional, tanto quanto conseguimos apurar na revisão bibliográfica, não existe nenhuma investigação que avalie a pertinência destas tecnologias.

Os dados da revisão bibliográfica efectuada, em parte corroborados no nosso estudo, alertam para a falta de conhecimentos que as crianças têm do meio judicial, indicando, em alguns casos, que esta ausência de conhecimentos poderá ser preditora de uma experiência menos construtiva por parte da criança. Pensamos que esta falta de conhecimento deve ser compreendida bilateralmente. É, pois, de admitir que a insegurança e desadequação com que alguns profissionais realizam o seu trabalho e as dificuldades que sentem quando têm de abordar uma criança possam estar relacionadas com a falta de conhecimentos acerca do funcionamento infantil e, particularmente, acerca das especificidades do funcionamento infantil no contexto forense. A identificação de crenças, representações dos actores judiciais (particularmente dos Magistrados) sobre a criança envolvida em processos de abuso sexual poderia auxiliar no esclarecimento de questões a trabalhar no futuro, ajudar a diagnosticar necessidades de formação e contribuir para uma melhor preparação dos diferentes actores do sistema judicial.

Perceber até que ponto a criança se sentiu reparada após o desfecho do processo e quais os aspectos que salienta como reparadores poderá ser outra pista para futuras investigações que, inclusivamente, poderão incluir o contributo das abordagens da Justiça Restaurativa aplicada aos menores.

Como os significados se constroem fundamentalmente na interacção com o outro pensamos ser essencial que, por parte dos actores judiciais, se encetem esforços para conhecer as crianças, as suas características, potencialidades e limitações. Tal como estas constroem mitos relativamente ao mundo judicial que poderão afectar negativamente a sua colaboração e a integração psicológica das experiências de que foram vítimas, também Polícias, Peritos, Magistrados e demais intervenientes constroem mitos (por vezes muito disfuncionais) relativamente às crianças. Desmontar crenças, desafiar preconceitos, partilhar experiências com outros profissionais e escutar atentamente a voz das crianças parece ser um dos caminhos possíveis para uma maior concertação entre as duas perspectivas, sem esquecer que proteger a criança faz parte integrante da administração da Justiça.

Finalmente, gostaríamos de partilhar com os leitores que o contacto com estas crianças, a diversidade das suas experiências, tão complexas e singulares, a riqueza das expressões contidas nas narrativas, a perícia com que gerem as adversidades e as transformam em experiências de coragem, a profunda genuinidade e abertura com que partilharam as suas vivências com a investigadora, sem pedir nada em troca, foram momentos absolutamente únicos, indescritíveis.

REFERÊNCIAS BIBLIOGRÁFICAS

Abreu, J. L. (1997). *Introdução à Psicopatologia Compreensiva*. Lisboa: Fundação Calouste Gulbenkian.

Agra, C. (1986). Projecto da Psicologia Transdisciplinar do Comportamento desviante e auto-organizado. *Análise Psicológica*, 3/4 (IV), 311-318.

Alberto, I. (2002). Como pássaros em gaiolas? Reflexões em torno da institucionalização de menores em risco. In C. Machado & R. Gonçalves, *Violência e Vítimas de Crimes- Crianças* (pp. 223-244). Coimbra: Quarteto.

Alberto, I. (2006). *Maltrato e Trauma na Infância*. Coimbra: Almedina.

Allagia, R. (2002). Balancing acts: reconceptualizing support in maternal response to intrafamilial child sexual abuse. *Clinical Social Work Journal*, 30 (1), 41-56.

Alves, S. R. (1995). *Crimes Sexuais: Notas e Comentários aos artigos 163.° a 179.° do Código Penal*. Coimbra: Almedina.

American Psychiatric Association (1994). *Mini DSM-IV Critérios de Diagnóstico*. Washington D. C.

Ariès, P. (1986). *A criança e a vida familiar no antigo regime*. Lisboa: Relógio d'Água

Audet, J. & Katz, J. (2006). *Précis de Victimologie Générale,* 2nd Ed. Paris: Dunod.

Bishop, S., Murphy, J., Hicks, R., Quinn, S., Lewis, P., Grace M. & Jellinek, M. (2001). The Youngest Victims of Child Maltreatment: What Happens to Infants in a Court Sample?. *Child Maltreatment*, 6 (3), 243-249.

Blackburn, R. (1996). What is forensic psychology? *Legal and criminal psychology*, 1, 3-16.

Blackburn, R. (2005). Relações entre Psicologia e Direito. In A. Fonseca, M. Simões, M. T. Simões & M. Pinho (Eds.), *Psicologia Forense* (pp. 25-49). Coimbra: Almedina.

Bourg, W., Broderick, R., Flagor, R., Kelly, D., Ervin & D., Butler, J. (1999). *A child Interwiewer's Guidebook*. Thousand Oaks: Sage.

Bowlby, J. (1998). *SEPARAÇÃO, Angústia e Raiva. Vol. II da Trilogia APEGO E PERDA, 3.ª Ed*. São Paulo: Martins Fontes.

Briere, J. (1992). *Child abuse trauma: theory and treatment of the lasting effects*. Newbury Park, CA: Sage.

Brigham, J. (1999). What is Forensic Psychology, Anyway? *Law and Human Behavior*, 23 (3), 273–298.

Bruck, M., Ceci, S. & Hembrooke, H. (2002). The nature of children's true and false narratives. *Development Review*, 22 (3), 520-554.

Bull, R. (2002). *Children and the law: Essential Readings*. Malden: Blackwell Publishing.

Caffey, J. (1946). Multiple Fractures in the long Bones of Infants Suffering From Chronic Subdural Hematoma. In A. Donnelly & K. Oates (Eds.). *Classic Papers in child Abuse* (pp. 11-21). Thousand Oaks: Sage.

Canha, J. (2000). *Criança Maltratada: O papel de uma pessoa de referência na sua recuperação, estudo Prospectivo de 5 anos.* Coimbra: Quarteto.

Cario, R. (2000). *Victomologie – de l'enfraction du lien intersubjectif à la Restauration social.* Paris: L'Harmattan.

Charmaz, K. (2005). *Constructing Grounded Theory: A Practical Guide Through Qualitative Analysis.* Thousand Oaks: Sage.

Carmo, R. (2005). A prova Pericial: Enquadramento Legal. In R. Gonçalves & C. Machado (Coord.). *Psicologia Forense* (pp. 33-54). Coimbra: Quarteto.

Carmo, R., Alberto, I. & Guerra, P. (2002). *O abuso Sexual de Menores: Uma conversa sobre Justiça entre o Direito e a Psicologia.* Coimbra: Almedina.

Cashmore, J. & Bussey, K. (1996). Judicial view of child witness competence, *Law and Human Behavior*, 20 (3), 313-334.

Cashmore, J. & Bussey, K. (1994). Perceptions of Children and Lawyers in care and protection proceedings. *International Journal of Law, Policy and the family*, 8 (3), 319--336.

Ceci, S. & Bruck, M. (1995). *Jeopardy in the courtroom: a scientific analysis of children's testimony.* Washington, DC: APA.

Chenevière, C., Girardet, F., Proust, S., Wicky, H. R. & Jaffé, P. (1997). Compréhension du monde de la justice par lénfant. *La revue de la Société Française de Psychology Légale, 2*, 3-11.

Código Penal (2008). Coimbra: Almedina.

Código de Processo Penal (2008). Coimbra:Almedina.

Costa, D. P. (2000). *A Perícia Médico-legal nos Crimes Sexuais.* Tese de Mestrado em Criminologia. Faculdade de Direito da Universidade do Porto.

Cross, T., Martell, D., McDonald, E., & Ahl, M., (1999). The Criminal Justice System and Child Placement in Child Sexual Abuse Cases. *Child Maltreatment*, 4 (1), 32-44.

Cunha, M. (2002). Breve Reflexão Acerca do Tratamento Jurídico-Penal do Incesto. *Revista Portuguesa de Ciência Criminal*, 3, Jul-Set, 343-371.

Damiani, C. (1997). *Les Victimes – violence publique et crimes privés.* Paris: Bayard Éditions.

Dansereau, A. C., Hérbert, M., Tremblay, C. & Bonnin, A. C. (2001). Children's response to the medical visit for allegations of sexual abuse: maternal perception's and predicting variables. *Child Abuse Revue*, 10 (3), 210-222.

Davies, G. & Westcott, H. (1992). Empowering Child Witnesses for Sexual Abuse prosecution. In H. Dent & R. Flin (Eds.). *Children as Witnesses.* Chichester: Willey.

Davis, R. & Smith, B. (2000). Victim Impact Statement and Victim Satisfaction: An Unfulfilled Promise? In P. Tobolowsky, *Understanding Victimology* (pp. 269-283). Cincinnati: Anderson Publishing Co.

Dent, H. & Flin, H. (1992). *Children as Witness.* Chichester: Willey.

Denzin, N. & Lincoln, Y. (2000). *The Handbook of Qualitative Research 2nd Ed.* Thousand Oaks: Sage.

Dezwirek-Sas, L. (1992). Empowering Child Witnesses for Sexual Abuse Prosecution. In H. Dent & R. Flin (Eds.), *Children as Witnesses* (pp. 181-199). Chichester: Willey.

Diesen, C. (2002). *Child abuse and adult Justice, a comparative study of different European Criminal Justice Systems handling of cases concerning sexual abuse.* International Save the Children Alliance.

Direito de Menores (2006). 2.ª Ed. Coimbra: Almedina.

Docherty, S. & Sandelowski, M. (1999). Focus on Qualitative Methods Interviewing Children. *Research in Nursing & Health,* 22, 117-185.

Doerner, W. G., & Lab, S. P. (1998). *Victimology II Edition.* Cincinnatti: Anderson Publishing Co.

Eastwood, C., Patton, W. & Stacy, H. (1998). "Child Sexual Abuse and the Criminal Justice System". *Trends and Issues in Crime and Criminal Justice*, 99. Canberra: Australian Institute of Criminology.

Edelstein, R., Goodman, G., Ghetti, S., Alexander, K., Quas, J., Redlich, A., Schaaf, J. & Cordon, I. (2002). Child Witnesses Experiences Post-Court: Effects of Legal Involvement. In H. Westcott, G. Davies & R. Bull. *Children's testimony: A Handbook of Psychological Research and Forensic Practice* (pp. 261-277). Chichester: John Willey & Sons.

Fattah, E. (2000). Victomology: Past, Present and Future. *Criminologie*, 33 (1), 17-46.

Fergussen, D. M. & Mullen, P. E. (1999). *Childhood Sexual Abuse: An evidence Based Perspective.* Thousand Oaks: Sage.

Finkelhor, D. (1984). *Child abuse: New Theory and research.* New York: Free Press.

Finkelhor, D. (1984). Four preconditions: a model. In A. C. Donnelly & K. Oates (Eds.), *Classic Papers in Child Abuse* (pp. 173-185). London: Sage.

Finkelhor, D. & Browne, A. (1985). The traumatic impact of child sexual abuse: A conceptualization. *American Journal of Orthopsychiatry*, 55, 530-541.

Finkelhor, D. & Browne, A. (1986). Impact of child sexual abuse: a review of the research. *Psychological Bulletin*, 99, 66-77.

Finkelhor, D. & Berliner L. (2001). Police reporting and Professional help seeking for child crime victims: a Review. *Child Maltreatment*, 6 (1), 17-30.

Finkelhor, D., Cross, T. & Cantor, E. (2005). The Justice System for Juvenile Victims: A Comprehensive Model of Case Flow. *Trauma, Violence & Abuse*, 6 (2), 83-102.

Flin., R., Stevensin, Y. & Davies, G. (1989). Children's Knowledge of court proceedings. *British Journal of Psychology,* 80, 285-297.

Freshwater, K. & Aldridge, J. (1994). The Knowledge and fears about court of child witnesses, schoolchildren and adults. *Child Abuse Review*, 3 (3), 183-195.

Furniss, T. (1992). *Abuso sexual da criança. Uma abordagem multidisciplinar.* Porto Alegre: Artes Médicas.

Gabinete de Política Legislativa e Planeamento do Ministério da Justiça (2002). *O código Penal de 1853 nos 150 anos do primeiro código Penal Português 1852-2002.* Lisboa: Ministério da Justiça.

Giorgi, A. & Giorgi, B. (2003). The descriptive phenomenological psychological method. In P. M. Camic, J. E. Rhodes & L. Yardley (Eds.). *Qualitative research in psycho-*

logy: Expanding perspectives in methodology and design (pp. 273-343). Washington DC: American Psychological Association.

Giovannoni, J. (1989). Definitional issues in child maltreatment. In D. Cichetti & V. Carlson (Eds.). *Child Maltreatment: Theory and research on the causes and consequences of child abuse and neglect* (pp. 3-37). Cambridge: University Press.

Glaser, B. G. & Stauss, A. (1967). *The Discovery of Grounded Theory: Strategies for Qualitative Research*. Chicago: Aldine Publishing Company.

Gonçalves, R. & Machado, C. (2005). Avaliação Psicológica Forense: Características, Problemas Técnicos e questões éticas. In. R. Gonçalves & C. Machado (Coord.). *Psicologia Forense* (pp. 19-91). Coimbra: Quarteto.

Goodman, G., Taub, E., Jones, D., England, P., Port, L., Rudy, L., Prado, L. Myers, J. & Melton, G. (1992). Testifying in Criminal Court: Emotional Effects on Child Sexual Assault Victims. *Monographs of the Society for Research in Child Development*, 57, 1-142.

Goodman, G., Tobey, A., Batterman-Faunce, J., Orcutt, H., Thomas, S., Shapiro, C. & Sachsenmaier, T. (2002). Face to Face Confrontation: The Effects of Closed-Circuit Techonology on Children's Eyewitnesses Testiminy and Jurors Decisions. In R. Bull (Ed). *Children and Law: The Essential Readings* (pp. 251-302). Malden: Blackwell.

Grisso, T. (1987). The ecomonomic and scientific future of forensic psychological assessment. *American Psychologist*, 9, 831-839.

Gudjonsson, G. H. (2003). Psychology Brings Justice: the science of Forensic Psychology. *Criminal Behavior and Mental Health*, 13, 159-167.

Gully, K., Britton, H., Hansen, K., Goodwill, K. & Nope, J. (1999). A new measure for distress during child sexual abuse examinations: the genital examination distress scale. *Child abuse and Neglect*, 23 (1), 61-70.

Halpérin, D. (1997). Parole d'enfant: Comment léntendre? Comment la Croire?. Crédibilité et Discernement. *La revue de la Societé Française de Psychologie Légale*, 2, 13-23.

Hartman, C. & Burgess, A. (1989). Sexual abuse of Children: Causes and consequences. In D. Cichetti & V. Carlson (Eds.). *Child Maltreatment: Theory and research on the causes and consequences of child abuse and neglect* (pp. 95-128). Cambridge: University Press.

Haugaard, J. J. & Reppucci, N. D. (1988). *The sexual abuse of children*. San Francisco: Jossey-Bass.

Haugaard, J. J. (2000). The Challenge of defining Child Sexual Abuse. *American Psychologist*, 55, 1036-1039.

Huffman, M., Warren, A., & Larson, S. (2002). Discussing Truth and Lies In Interviews with Children: Wether, Why and How? In R. Bull (Ed.). *Children and Law: The Essential Readings* (pp. 225-250). Malden: Blackwell.

Hunter, W., Coulter, M., Runyan, D. & Everson, M. (1990). Determinants of placement for sexually abused children. *Child abuse and Neglect*, 14 (3), 407-417.

Jones, L., Cross, T., Walsh, W. & Simone, M. (2005). Criminal Investigations of Child abuse. *Trauma Violence & Abuse*, 6 (3), 254-268.

Keeney, K., Amacher, E. & Kastanakis, J. (1992). The court Prep group: A vital Part of the Court Process. In H. Dent & R. Flin (1992). *Children as Witness* (pp. 15-32). Chichester: Willey.

Kelly, D. (2000). Victims Perceptions of criminal Justice In: PM. Tobolowsky, *Understanding Victimology: selected readings* (pp. 261-286). Cincinnati: Anderson Publishing Co.

Kemp, H., Silverman, F., Steele, B., Droegemueller, W. & Silver, H. (1962). The Battered--child Syndrome. In A. Donnelly & K. Oates (Eds.). *Classic Papers in child Abuse* (pp. 11-21). Thousand Oaks: Sage.

Kendall-Tackett, K., Williams, L., & Finkelhor, D. (2001). Impact of Sexual Abuse on Children: A Review and Syntesis of Recent Empirical Studies. In R. Bull (Ed.), *Children and Law: The Essential Readings* (pp. 31-70). Malden: Blackwell.

Kerr, D. (2003). Legally abused: the child sexual assault victim in the adult criminal court. Artigo apresentado na *Child sexual abuse: Justice Response or Alternative Resolution Conference*. Australian Institute of Criminology. Adelaide, 1-2 Maio 2003.

King, N. M., Hunter, W. & Runyan, D. (1998). Going to court: the experience of child victims of intrafamilial sexual abuse. *Journal of Health Politics, Policy and Law*, 13, 1-17.

Kourilsky, C. (1986). Connaissances et representations du "juridique" chez les enfants et les adolescents: concepts et méthodes d'interprétation dans le recherche sur la socialisation juridique. *Droit et Société*, 4, 383-403.

Kohlberg, L. (1976). Moral Stages and Moralization: The cognitive development approach. In T. Lickona (Ed.) *Moral development and behaviour* (pp. 31-53). New York: Holt, Rinehart and Winston.

Lamb, M., Sternberg, K., Orbach, Y., Esplin, P., Stewart, H., & Mitcchell, S. (2003). Age Differences in young Children's Responses to Open-Ended Invitations in the Course of Forensic Interviews. *Journal of Consulting and Clinical Psychology*, 71 (5), 926--934.

Leandro, A. (1995). A criança e o jovem: que direitos? Que Justiça? In D. Silva (Org.) *Actas do congresso Os Jovens e a Justiça* (pp. 27-41). Lisboa: APPORT.

Leifer, M., Kilbane, T. & Grossman, G. (2001). A three generational study comparing the families of supportive and unsupportive mothers of sexually abused children. *Child Maltreatment*, 6 (4), 353-364.

Lewin, L. & Bergin, C. (2001). Attachment behaviors, depression and anxiety in nonoffending mothers of child sexual abuse victims. *Child Maltreatment*, 6 (4), 365-375.

Lipovsky, J., Tidwell, R., Crisp, J., Kilpatrick, D., Saunders, E. & Dawson, V. (1992). Child Witness in Criminal Court – Descriptive Information from three Southern States, *Law and Human Behavior*, 16 (6), 635–650.

Lipovsky, J. (1994). The Impact of Court on Children: Research, Findings and Practical Recommendations. *Journal of Interpersonal Violence*, 9 (2), 238-257.

London, K., Bruck, M., Ceci, S. & Schuman, D. (2005). Disclosure of Sexual abuse: What does the research tell us about the ways that children tell?. *Psychology, Public, Police and Law,* 11 (1), 194-226.

Lourenço, O. M. (2002). *Psicologia do desenvolvimento Moral – teoria, dados e implicações*. Coimbra: Almedina.

Machado, C. & Gonçalves, R. (Coord.) (2002). *Violência e Vítimas de Crimes vol. 1 – Crianças*. Coimbra: Quarteto.

Machado, C. & Gonçalves, R. (Coord.) (2002). *Violência e Vítimas de Crimes vol. 2 – Adultos*. Coimbra: Quarteto.

Machado, C. (2004). *Crime e Insegurança – discursos do medo imagens dos outros*. Lisboa: Editorial Notícias.

Magalhães, A. (2005). *Casais serodiscordantes em relação ao VIH: Estudo Sobre processos de Integração existencial do VIH/SIDA*. Tese de Mestrado em Psicologia Clínica (não publicada). Braga: Instituto de Educação e Psicologia da Universidade do Minho.

Magalhães, T., Carneiro de Sousa, M. J. & Gomes da Silva, A. (1998). Child sexual abuse. A preliminary study. *Journal of Clinical Medicine*, 111 (5), 1-7.

Magalhães, T. (2002). *Maus Tratos em Crianças e Jovens. Guia Prático para Profissionais*. Coimbra: Quarteto.

Magalhães, T. & Vieira. D. N. (2003). A intervenção Médico-legal na investigação criminal. *Sub-judice, Justiça e Sociedade, 26-Out-Dez*, 7-11.

Magalhães, T. & Ribeiro, C. (2007). A colheita de informação a vítimas de crimes sexuais. *Acta Médica Poruguesa*, 20, 439-445.

Manai, D. (1988). L'enfant, cet absent omniprésent de la scène juridique. *Droit et Société*, 10, 465-482.

Manita, C. (2001). O Conceito de Perigosidade. *Sub-Judice, Justiça e Sociedade*, 22/23, Jul.-Dez., 37-48.

Manita, C. (2003). Quando as portas do medo se abrem... do impacto psicológico ao(s) testemunho(s) de crianças vítimas de abuso sexual. *Actas do encontro Cuidar da Justiça de Crianças e Jovens – A função dos Juízes Sociais* (pp. 229-253). Coimbra: Almedina.

Maroy, C. (1995). A análise qualitativa de entrevistas. In L. Albarello, F. Digngneffe, J. P. Hiernaux, C. Maroy, D. Ruquoy & P. Saint-George, *Práticas e Métodos em Ciências Sociais* (pp. 117-154). Lisboa: Gradiva.

Martins, N. (2006). Jovens com comportamentos delinquentes: os caminhos da lei. In A. Fonseca, M. Simões, M. T. Simões & M. Pinho (Eds.), *Psicologia Forense* (pp. 387--400). Coimbra: Almedina.

Melton, G. B. (1991). Children's concepts of their rights. *Journal of Clinical Child Psychology*, 9, 186-190.

Melton, G. B., & Pagliocca, P. (1992). Treatment in the Juvenile Justice System: Directions for Policy and Practice. In J. Cocozza (Ed.) *Responding to the Mental Health Needs of Youth in the Juvenile Justice System* (pp. 107-129). Seattle, WA: The National Coalition for the Mentally Ill in the Criminal Justice System.

Morse, J. M. (1994). Designing founded qualitative research. In N. K. Denzin & Y. S. Lincoln (Eds.), *Handbook of qualitative research* (pp. 220-235). Thousand Oaks: Sage.

Myers, J., Diedrich, S., Lee, D., Fincher, K. & Stern, R. (1999). Professional Writing on Child Sexual Abuse From 1900 to 1975: Dominant Themes and Impact on Prosecution. *Child Maltreatment*, 4 (3), 201-216.

Nunes, C. (2005). O Abuso Sexual de Crianças e Jovens: A intervenção Judicial à luz dos Processos Psicológicos envolvidos. Separata de Polícia e Justiça. *Revista do Instituto Superior de Polícia Judciária e Ciências Criminais*, Série III N.° 5 Jan-Jun, 261-305.

Orbach, Y., Hershkowitz, I., Lamb, M., Sternberg, K., Esplin, P. & Horowitz, D. (2000). Assessing the value of structured protocols for forensic interviews of alleged child abuse victims, *Child Abuse and Neglect*, 24 (6), 733-752.

Orth, U. (2002). Secondary Victimization of Crime Victims by criminal Proceedings. *Social Justice Research*, 15 (4), 313-325.

Otto, R. & Heilburn, K. (2002). The Pratice of Forensic Psychology, a look toward the future in light of the past. *American Psychologist*, 57 (1), 5-18.

Peters, T. (2000). Présentation. *Criminologie*, 33 (1), 5-15.

Piaget, J. (1973). *Le jugement moral chez l'enfant*. Paris: Presses Universitaires de France.

Puysegur, M. A. & Corrouer, D. (1987). Les réprésentations du système pénal chez les enfants de six à dix ans. *Enfance*, 40 (3), 215-229.

Raffaelli, R. (2004). Husserl e a Psicologia. *Estudos de Psicologia*, 9 (2), 211-215.

Ricoeur, P. (1975). Phenomenology and Hermeneutics. *Noûs*, 9 (1), 85-102.

Runyan, D., Eversin, M., Edelsohn, G., Hunter, W. & Coulter, M. (1988). Impact of Legal intervention on sexually abused Children. *Journal of Pediatrics*, 113 (4), 647-53.

Santos, B. S. (1998). *A Justiça de Menores: As crianças entre o risco e o crime*. Vol. IV. Coimbra: Observatório Permanente da Justiça Portuguesa.

Saywitz, K. (1989). Children's Conceptions of the legal System; "Court is a place to play basketball. In S. Ceci, D. Ross, & M. Toglia (Eds.), *Perspectives on Children's Testimony* (pp. 131-157). New York: Springer-Verlag.

Saywitz, K., Jaenick, C. & Camparo, L. (1990). Children's Knowledge of Legal Terminology. *Law and Human Behavior*, 14 (6), 523-535.

Saywitz, K., Goodman, G., Nicholas, E. & Moan, S. (1991). Children's memories of a physical examination involving genital touch: Implications for reports of child sexual abuse. *Journal of consulting and Clinical Pychology*, 59 (5), 682-691.

Saywitz, K., Mannarino, A., Berliner, L. & Cohen, J. (2000). Tratment for sexually Abused Children and adolescents. *American Psychologist*, 55, 1040-1049.

Schneider, H. (2001). Victimology Developments in the world during the past three decades: a study of comparative Victimology – Part 2. *International Journal of Offender Therapy and Comparative Criminology*, 45 (5), 539-555.

Seidman, I. E. (1991). *Interviewing as qualitative research: a guide for researchers in education and social sciences*. Teachers College: Columbia University.

Silverman, F. (1953). Manifestations of unrecognized skeletal trauma in infants. *American Journal of Roentgenology*, 69, 413-426.

Smith, J. & Osborn, M. (2003). Interpretative phenomenological analysis. In J. Smith (Ed.). *Qualitative Psychology: A Practical Guide to Methods* (pp. 218-240). London: Sage.

Sorensen, T. & Snow, B. (1991). How Children tell: the process of disclosure in child sexual abuse, *Child Welfare*, 70 (1), 3-15.

Sottomayor, M. C. (2003). O Poder Paternal Como Cuidado Parental e os Direitos da Criança. In *Cuidar da Justiça de Crianças e Jovens. A Função dos Juízes Sociais. Actas do Encontro* (pp. 9-63). Coimbra: Almedina.

Starling, S. & Boos, S. (2003). Core content for residency training in Child Abuse and Neglect. *Child maltreatment*, 8 (4), 242-247.

Strauss, A. & Corbin, J. (1994). Grounded theory methodology: an overview. In N. K. Denzin & Y. S. Lincoln (Eds.). *Handbook of qualitative research* (pp. 273-285). Thousand Oaks: Sage.

Summit, R (1983). Child Sexual Abuse accommodation Syndrome. In A. C. Donnelly & K. Oates (Eds), *Classic Papers in Child Abuse* (pp. 155-171). London: Sage.

Sweson, C., Brown, E. & Sheidow, A. (2003). Medical, legal and mental health service utilization by physically abused Children and their caregivers. *Child maltreatment*, 8 (2), 138-144.

Tapp, J. & Levine, F. (1977). *Law, justice in individual society: Psychological and Legal issues*. New York: Holt, Rinehart and Winston.

Tedesco, J. & Schnell, S. (1987). Children's Reactions to sex abuse investigation and Litigation. *Child Abuse and Neglect*, 11 (2), 267-272.

Teixeira, M. T. & Manita, C. (2001). Psychological and Psychiatric consequences of violence. In *Medico-legal aspects and social aspects of injuries and violence*. Texto de suporte ao Mestrado Internacional: Community Protection and Safety Promotion (pp. 55-134). Porto: Universidade do Porto.

Van Gijseghem, H. (1992). *L'enfant Mis à Nu – L'allégation d'abus sexuel: La recherché de la vérité*. Montréal: Editions du Méridien.

Viano, E. C. (2000). Victimology Today: Major issues in research and public policy, In: P. M. Tobolowsky (Ed.), *Understanding Victimology: selected readings* (pp. 9-22). Cincinnati: Anderson Publishing Co.

Viaux, J. L. (2003). *Psychologie Légale*. Paris: FRISON-ROCHE.

Vigarello, G. (1998). *História da Violação Séculos XVI-XX*. Lisboa: Estampa.

Von Hentig, H. (1948). *The Criminal and his Victim. Studies in the Sociobiology of Crime*. New Haven: Yale University Press.

Wallon, H. (1995). *A evolução Psicológica da criança*. Lisboa: Edições 70.

Warren-Leubecker, A., Tate, C., Hinton, I. & Ozbek, I. (1989). What do Children Know about thte Legal Sustem and When they Know It? First Steps Down a Less Traveled Path in Child Witness Research. In S. Ceci, D. Ross & M. Toglia (Eds.). *Perspectives on Children's Testimony* (pp. 158-183). New York: Springer-Verlag.

Weiss, E. H. & Burg, R. S. (1982). Child Victims of Sexual Assault Impact of Court Procedures. *Journal of American Academy of Child Psychiatry*, 21, 513-518.

Westcott, H. & Davies, G. (2002). *Children's testimony: a handbook of a Psychological research and Forensic Practice*. Chichester: Willey.

A Criança na Justiça

Willey, T., Bottoms, B., Stevenson, M. & Oudererk, B. (2005). A criança perante o sistema legal: dados da investigação psicológica In A. Fonseca, M. Simões, M. T. Simões, & Pinho, M.(Eds), *Psicologia Forense* (pp. 313-354). Coimbra: Almedina.

Winnicott, D. (1971). *La consultation thérapeutique et l'enfant*. Paris: Gallimard.

Whitcomb, D. (1992). *When the victim is a child*. 2nd Ed. U.S. Department of Justice. National Institute of Justice.

Whitcomb, D. (2003). Legal Intervention for Child Victims. *Journal of traumatic stress*, 16 (2), 149-157.

Wolfe, D. (1987). *Child Abuse. Implications for child development and psychopathology*. New York: Sage.

Woolley, P. V. & Evans W. A. (1955). Significance of skeletal lesions in children resembling those of traumatic origin. *Journal of the American Medical Association*, 158, 539-43.

Yuille, J. (1992). L'entrevue de l'enfant dans un contexte d'investigation et l'évaluation systématique de sa déclaration. In H. Van Gijseghem, *L'enfant mis a nu – Allégation d'abus sexuel: La recherche de la verité* (pp. 67-113). Paris: Editions du Meridien.

Zigler, E. & Hall, N. (1989). Physical Child Abuse in America: Past, present and Future. In D. Cichetti, & V. Carlson (Eds.). *Child Maltreatment: Theory and research on the causes and consequences of child abuse and neglect* (pp. 39–75). Cambridge: University Press.